학생이 들려주는 자치이야기

우현진 김지원 김태형 유현호 이아선 이현우 지음

학생이 들려주는 자치이야기

발행	2022년 02월 15일
저자	우현진 김지원 김태형 유현호 이아선 이현우
펴낸이	한건희
펴낸곳	주식회사 부크크
출판사등록	2014.07.15.(제2014-16호)
주소	서울 금천구 가산디지털1로 119 SK트윈테크타워 A동 305
전화	1670 - 8316
E-mail	info@bookk.co.kr
ISBN	979-11-372-7409-9

www.bookk.co.kr

학생이 들려주는
자치이야기

우현진 김지원 김태형 유현호 이아선 이현우 지음

차례

들어가며

우리 누구에게나 꿈은 있습니다.

군이 어느 대학을 갈지, 어떤 직업을 얻을지와 같은 크고 거창한 꿈이 아니더라도 학교와 학교 밖 일상에서 하고 싶은 것들도 많지요.

저의 꿈은 '모두가 행복한 차별 없는 세상을 만드는 것'입니다. 다른 사람들의 꿈을 같이 꾸고, 고민하며, 직접 그려나가고 싶습니다. 개인적으로 7살 때 활동을 시작했으니 어느덧 벌써 12년 동안 꿈을 함께 나누는 '드림메이커'로 다양한 사람들의 이야기를 듣고, 함께 나눠왔습니다.

이 책을 읽기로 하고, 펼친 여러분께 묻고 싶습니다. 당신은 어떤 사람인가요? 당신을 온전히 알고 당신의 그 자체로 살아가고 있나요? 당신의 꿈은 무엇인가요?

우리가 맞대고 있는 학교 안팎의 일상에서 우리의 꿈을 실현하는 과정 중 하나가 학생자치라고 생각합니다. 이 책에는 학생이 시민으로서 자기결정권과 책임감을 가지고, 주도적으로 그 삶을 펼쳐간 이야기들이 담겨 있습니다.

어른들이 말하는 학생자치가 아닌, 학생들이 직접 말하고 있는 책입니다. 우리만이 아는 기쁨과 아픔, 깊은 고민과 성찰이 담겨 있습니다.

학생자치의 꿈을 향해 달려가는 여러분의 여정에 이 책의 이야기들이 조금이나마 도움이 되길 바랍니다.

인천상정고등학교 2학년 이승준
(전) 꿈을DREAM 대표, 제1기 학생참여위원회 위원장

학생회와 함께한 5년
우현진(인천여자고등학교)

#1 글을 쓰기로 결심한 이유

'학생자치' 네 글자 밖에 안되는 단어는 날 참 골치 아프게 만든다. 학생회에 처음 발을 디뎌 학생자치를 알게 된 14살 때부터 4년이 지난 지금까지 학생자치와 떨어져 살아간 적이 단 한 번도 없었다. 학생자치에 진심인 나의 마음은 변함이 없다. 하지만 나만 진심이면 뭐하나? 나 혼자 이룰 수 없는 것이 학생자치임을 뼈저리게 느끼며 지금도 우리 학교의 학생자치를 위해 계속 고민하고 있다. 학생자치 실현을 위해 학생이라는 나의 신분이 발목을 잡지 말아야 하는데 내가 학생이라는 이유로 "학생이 뭘 해봤자 어디까지 할 수 있겠어?"라는 말을 듣기도 한다. 그럴 때면 종종 학생자치의 필요성을 찾아보기도 했다. 다들 말하는 것처럼 난 학생이고 배울 것이 한참인 고작 18살일 뿐이다. 고작 18살이 거의 5년이 되는 시간 동안 학생자치를 겪으며 느낀 것은 단 하나였다.

'학생은 교사와 학부모가 할 수 없는 것을 실현할 수 있다. 어느 것이 되었든 학생만 할 수 있는 것이 분명히 존재한다.' 그러나 많은 학생과 교사들, 그리고 학부모들은 학생이라는 신분을 '배움을 받아야 하는 존재'로만 여기며 학생의 자율성과 주체성을 대수롭지 않게 생각한다.

함께 책을 집필해보자는 제안이 들어왔을 때, 난 한 치의 고민도 없이 바로 수락하였다. 신이 주신 기회라고 여겼다. 자치활동을 하며 스스로 갈피를 잡지 못하는 경우가 많았다. 주변에 조언을 받을 수 있는 사람이라곤 학생회 담당 선생님뿐이었다. 학생자치를 경험한 또 다른 '학생'과 소통하고 싶었다. 나의 고민을 공유하고 싶었고 누군가에게 기대고 싶었다. 결국 나의 바람은 이루어지지 못하고 몇 년이 흘러 난 누구나 기댈 수 있는 존재로 성장하였다. 시중에 학생이 직접 집필한 학생자치 책은 거의 없는 것으로 알고 있다. 그렇기에 내가 경험한 모든 것을 끄집어내어 고민을 함께하고, 때로는 기댈 수 있는 존재가 되어 이 글을 읽는 이들이 학생자치를 이룰 수 있는 주체가 되기 바라는 마음이다. 선생님이 학생 시절을 거쳤다고 해도 우리의 입장에서 조언하는 것은 한계가 있다. 학생의 고민을 가장 공감해줄 수 있는 것은 학생이기 때문이다.

#2 내가 생각한 학생회장의 삶은 이게 아니었다

자신 있었던 START

"본인의 인생 중 '자신 있었던 시작'이 존재하나요?"

누가 나에게 위와 같은 질문을 한다면 난 바로 "네."라고 답할 것이다. 때는 중학교 시절로 거슬러 올라간다. 내 모교는 학생자치로 꽤 유명한 학교이다. 중학교 2학년의 끝을 바라보는 시기에 난 학생회장으로 당선이 되었고 놀랍게도 아무런 걱정이 들지 않았다. 대단한 자신감이었다. 어릴 때부터 '리더'라는 역할을 오래 해온 나에게 학생회 경력까지 함께하니 누려울 것이 없었다. 하지만 이러한 경험은 도리어 자만으로 이어졌다.

새 학기를 맞이한 학생들이 처음에는 '이번 학기부턴 진짜 열심히 공부할 거야!'라고 결심하고 초반에는 열정이 넘치다가 갈수록 어긋나는 것처럼 나 또한 그러했다.

기록, 겸손한 준비의 시작

우리 학생회가 담당하게 된 첫 행사, 예비 소집일 때로 시간은 거슬러 올라간다.

중학교 예비 소집일에는 몇 년째 학생회가 담당하는 코너가 있다. 5일이라는 짧은 시간 동안 회의, 기획, 준비를 성공적으로 마쳐야 한다는 생각이 앞선 나머지 많은 것을 간과하였다. 다음은

2019년 1월에 작성한 계획이다.

> **<2019 OO중 예비 소집일 학생회 행사>**
> **1. 학생회장 인사말**
> **2. 학생회 공연**
> **3. 댄스부 공연**
> **4. 학생회 소개 및 각 부서 발표**
> **(학생회장 및 부서 부장단 담당)**

　위 계획대로 실행한 결과는 어떻게 되었을까? 평범하게 말하자면 아쉬움과 부족함이 가득했고 극단적으로 말하자면 망했다. 학생회장으로서 만족스럽지 못한 부분을 매우 많이 느꼈다. 예비 소집일 속 학생회 코너는 신입생들이 우리 학생회의 존재를 인식하게 하고 우리 학교의 학생자치를 알리며 연대하기 위한 시작을 맺는 것이 목표이다. 학생회 공연과 댄스부 공연은 본 목표와 괴리가 있었고 학생회장 인사말은 매우 잘 말아먹었다. 당연하다. 무대에 오르기 10분 전에 인사말을 해야 한다는 사실을 알게 되었기 때문이다. 당시의 나에겐 10분 안에 인사말을 준비할 수 있는 능력이 없었다. 무엇보다 학생회 소개가 가장 중요한데 공연에 더 큰 비중을 두다 보니 PPT 소개가 매우 미흡했다. 또한 방송 장비마저 갑자기 문제가 생기는 바람에 난 무대 위에서 마이크를 들고 5시간 같은 5분을 보내야 했다. 준비를 거만하게 해놓고 실행도 거만하게 하려고 한 결과였다.

예비 소집일이 마무리된 후, 우리는 학생회실에 모여 평가 회의를 진행하였다. 우리들의 첫 행사를 진행하며 느낀 부족한 점이 하나둘씩 칠판에 적혀질 때마다 분위기는 가라앉았다. 집에 가는 길에도 끊임없는 자책이 이어졌다. 분명 행사를 진행하기 전에는 시뮬레이션을 돌리며 '좋아. 완벽해.'하고 생각했지만 현실은 혼돈이었기 때문이다.

'내년 학생회에는 이런 일이 없도록 하자.' 그래서 시작한 것이 '기록'이다. 진행 일시, 기획 인원, 준비 기간, 기획 내용, 개선점 등을 보고서의 형식으로 담아 예비 소집일 평가 결과를 작성하였다. 작성하면서도 '만약 내가 이 문서를 보고 기획했다면 조금은 더 만족스러운 결과를 낼 수 있었을 텐데.'하는 생각이 끊이길 않았다. 그리고 이 생각을 계속 머리에 새기며 지냈다.

'난 학생회장이다. 한 조직을 대표하고 책임지는 기둥이다.'라고. 학생회장이라면 가장 먼저 '기본'에 충실하여야 한다고 여겼기에 난 예비 소집일 문서 기록을 시작으로 학생회 운영에 대한 여러 매뉴얼을 마련하였다. 나의 경험만을 믿고 자만하는 자세를 버리고 무엇 하나 놓치지 않으며 성장하고자 하는 겸손의 자세와 함께하기 시작한 것이다.

부서 활동, 익숙해지기 위해 어색해져라

학생회 운영 매뉴얼을 구성하는 것은 어렵지 않았다. 작년 학생회에서 부족했던 점, 딱 한 가지만 고려하였다. 해당 내용은 전년도 학생회장 선배에게 자료를 받아 이를 바탕으로 학생회 회의를 거쳐 [목표/조직/키워드]의 큰 틀로 구성하였다. 꾸준한 운영을 위해 복잡하지 않게 카테고리를 많이 설정하지 않았다.

목표	작년 학생회 운영의 부족함을 보완한 운영
조직	학생회 부서 개편 진행
키워드	새로움, 변화

학생회 운영 계획에는 큰 욕심을 반영하지 않았다. 재작년 학생회와 작년 학생회 활동은 어딘가 비슷해 보이면서도 확실히 차이가 있었다. 학생회장마다 학생회를 운영하는 방식이 달랐기 때문이 아닐까 하고 생각하며 올해 학생회 또한 운영 방식을 차별화하는 쪽으로 결정했다. 올해만의 독창성을 확보하고 싶은 마음이 있었기 때문이다. 우리의 운영 방식은 작년의 결점을 보완하고자 하는 것에 포커스를 두었기에 이에 대해 마련한 내용 중 하나가 학생회 부서 개편이었다.

| 학교행사부 | 자체행사부 | 학생선거부 | 학생복지부 | 학교홍보부 |

〈OO중학교 학생회 부서(개편 전)〉

| 학교행사부 | 자체행사부 | 학생선거부 | 학교생활부 | 학교홍보부 |

〈OO중학교 학생회 부서(개편 후)〉

주변 학교 학생회는 총무부, 봉사부, 환경부 등의 부서로 구성되어 있는 것이 일반적이었으나 우리 학생회는 달랐다. 우리 학생회 구성은 부서가 5개 이하여야 한다고 판단했고, 총무부는 없어도 문제없다고 생각했다. 구체적으로는 각 부서에 학년별 부장 1명씩 총 3명, 학년별 차장 1명씩 총 3명+α로 부서별 평균 임원이 6~7명 정도 되도록 구성했다. 여기에 각 학년 회장, 부회상 총 6명까지 더해지면 학생회 총인원은 약 36명. 그 이상은 학생회장인 내가 감당하기 힘들다고 생각되기도 하였고, 너무 복잡할 것 같았다. 또한 총무부가 주로 담당하는 재정적 업무의 경우, 우리 학교에서는 선생님이 담당해 주셨기 때문에 총무부를 편성할 바에 다른 부서를 편성하는 것이 더 효율적이라고 판단했다. 학교 특성에 맞게 학생회 부서를 구성하는 것은 학생회 운영의 기본이지만 주변에서는 이를 놓치고 있는 경우가 많았다.

부서 구성에서 중요하게 생각한 것은 '부서 운영 목적이 확실해야 한다.'는 것이었다. 특히 기존 학생복지부를 학교생활부로 개편하였다. 이유는 딱 하나였다. 학생복지부가 하는 일이 불분명했기 때문이다. 부서 이름만 들으면 '뭐지? 학생을 위해 복지를 담당하나? 근데 어떻게?'라는 생각이 들 수 있다. 난 그랬다. 그래서 이번 기회에 학생들이 부서명만 듣고도 부서의 활동을 제대로 예측할 수 있도록 '학교생활부'로 개편한 것이다.

또한 작년의 부족한 점을 보완하기 위해 부서 개편뿐만 아니라 많은 것을 바꾸어 나갔다. 작년 활동으로 느낀 점을 어떻게 보완하였는지 살펴보자.

· 부서 회의가 정기적이지 않아서 사업 진행 빈도가 적었다.

☞ 각 부서 정기 회의 요일을 정한 후, 회의록 작성 및 제출, 그리고 계획 수립을 필수적으로 하였다.

· 작년 학생회 활동 기록 문서가 많지 않아 참고할 수 있는 부분이 부족했다.

☞ 각 부서 회의록, 사업계획서, 피드백 문서, 사진, 영상 등 모든 것을 1년 동안 기록하였다.

· 타 부서에서 하는 활동이 무엇인지 학생회 임원 모두가 파악하기 어려웠다.

☞ 각 부서 사업 확정 후, 부장단 회의를 거쳐 사업 브리핑 진행, 단체 채팅방 공유를 활성화하였다.

위와 같이 우린 꽤 많은 것을 개선하였다. 첫 번째로 각 부서 정기 회의는 해당 부서의 부장, 차장 그리고 임원들의 회의를 거쳐 요일을 확정한 후, 학생회실 칠판에 기록하여 회의를 잊지 않도록

하였다. 어떤 부서는 매주 화요일마다 회의를 하기도 했고, 또 다른 부서는 2주, 4주 월요일에 회의를 하기도 했다. 각 부서의 재량에 맞게 정기 회의일을 정하면 되는 것이다. 각 부서 회의와 더불어 학생회 전체 회의도 한 달에 한 번 정기적으로 진행하였다. 정기 회의일을 확정하고자 한 목적은 단 하나이다. 학생회 활동의 활발함을 위해서이다. 실적을 내기 위함이 아닌 학생회 임원들의 꾸준한 학생회 활동 참여로부터 우리 학생회가 나태해지는 상태가 되지 않도록 하기 위한 것이다. 전년도 활동과 차이는 확실했다. 학생회 선후배가 얼굴을 보는 일이 잦아지니 학생회 임원끼리 친목이 강화되는 것은 물론이고, 정기적인 회의와 함께 사업도 꾸준히 실행될 수 있었다. 지금 생각해도 내가 학생회 운영을 하며 가장 잘한 점은 바로 정기 회의일을 정한 것이 아닐까 싶다.

다음으로 학생회 문서 기록은 귀찮음과의 사투였다. 1년간 문서 기록을 직접 하였는데, 그 긴 시간 동안 고독하게 기록을 하며 '이걸 꼭 해야 할까…'라는 생각이 들 때도 있었다. 그럴 때면 '내년에 우리 학생회를 책임질 후배들을 생각해!!'라는 말을 떠올리곤 했다. 효과는 참 대단했다. 우리 학생회의 1년을 문서로 남길 수 있고, 무엇보다 후배들의 학생회 운영에 큰 도움이 되었을 것으로 생각하니 뿌듯했다. 지금 이 글을 고등학교 2학년에 쓰고 있는데, 몇 달 전 졸업한 중학교 학생회 후배들을 만난 적이 있었다. 내가 남긴 학생회 문서에 대해 물어보니, 그 문서가 참 큰 도움이 되었다고 하였다. 후배들이 학생회 활동을 어떻게 하고 있는지 살펴보니 걱정하지 않아도 될 것 같다는 생각이 들었다. 1년간 노력한 흔적이 쓸모없지 않았다는 것을 확인할 수 있었다. '우린 올해까지 하고 말 텐데 내년은 그냥 후배들이 알아서 하라고 하자.'라는 마음가짐은 갖지 않는 것이 좋다. 우리의 학생자치가 존속되고 발전할 수 있도록 자신의 사명이자 의무라고 여기자.

마지막으로 각 부서 사업 공유는 다음과 같은 절차로 이루어졌다. [각 부서 회의 - 사업계획서 작성 및 학생회장에게 제출 - 학생회장·학생회 담당 선생님 확인 - 부장단(각 부서 3학년 부장) 회의에서 사업 공유 - 단톡방 공유]이다. 이렇게 글로 보면 간단해 보이지만, 이를 막상 실제로 하려고 하면 제대로 이루어지지 않는 경우도 많다. 우리는 그랬다. 모든 임원이 우리 학생회에서 진행하는 사업을 다 파악할 수 있기를 바라며 실행한 것이지만 생각대로 잘 이루어지지 않은 부분이 많아서 지금까지 꽤 아쉬움이 남는 부분이다.

마지막으로 학생회의 운영 키워드를 '새로움'과 '변화'로 설정하면서 언제나 새로운 사업과 활동, 갈수록 발전해 나가는 학생자치의 변화를 추구하고자 노력하였다.

처음에 학생회의 새로운 운영 방식을 확립하고, 이에 따라 학생회를 운영하고자 했을 때, 나는 물론이고 우리 임원들까지 적응하기가 힘들어 일일이 각 부서 회의 전날에 'OO부 O일 회의 진행 부탁드립니다.'와 같은 안내와 회의 후 회의록, 사업계획서 제출

안내 그리고 'OO부 OO사업 진행 현황 공유 부탁드립니다.'라는 사업 공유 안내를 한 달간 반복하였다. 거의 세뇌를 시키듯이 안내를 하니 나중에는 말하지 않아도 각 부서에서 알아서 진행을 하는 모습을 볼 수 있었다. 다들 베테랑처럼 신속하고 정확한 활동을 이루니 이게 정녕 내가 처음 본 그 친구들이 맞나 하는 생각까지 했다. 인간은 적응의 동물이라는 말을 한 번 더 확인할 수 있게 된 계기였다. 처음에는 여러 문제를 겪으며 '이게 맞는 건가? 내가 잘못하고 있는 게 아닌가?'하는 의심을 반복하였지만 쓸데없는 고민이었다. 어색함은 존재하지 말아야 할 것이 아니다. 내가, 우리 임인들이 모든 것에 적응해가며 성장해 가는 과정에는 어색함이 필수적임을 기억하자. 좋은 결과에 고생이 함께하는 것은 낭연하다.

지금 내가 16세로 돌아간다면

우리는 살면서 후회라는 것을 한다. 후회는 왜 하는 것일까? 과거보다 성장한 현재의 내가 과거의 자신에 대한 부족함을 발견했기 때문일까? 내가 하는 후회는 '아 지금이라면 그때보다 더 잘할 수 있을 텐데.'하는 과거에 대한 미련에서부터 나타난다. 16세의 나는 지금의 내가 후회할 여지를 많이 남겨두었다. 난 과거에 대한 미련을 쉽게 떨쳐내지 못하는 성격이다. 평소에는 쿨한 면모를 보이지만, 되돌릴 수 없는 시간에 얽매여 후회를 거듭하는 모습을 잠시 나누어보고자 한다.

정·부회장 선거 당선 후, 우린 바로 학생회 임원 면접을 실시하였다. 우린 이때 깨달았어야 했다. 말을 잘하는 것, 학생회 경력이 있는 것이 중요하지 않다는 것을. 학생회 경력이 없어도 임원이 되어서 모두와 함께 활동해 나가면 자연스레 학생회 활동에 익숙해질 수 있다. 또한 임원을 선정할 때 '얼마나 융통성을 발휘할 수 있는가'를 기준으로 보았어야 했다. 반대로 말하자면 중학교 학생회장 생활 속에는 이런 문제로 임원과의 갈등이 존재했다는 것이다.

우리 중학교 학생회 임원들에게는 미안하지만 난 면접에서 몇 명의 임원을 선택한 것을 후회한다. 일을 못 해도 괜찮다. 모두가 도와주며 함께 해결할 수 있다. 참여를 활발히 하지 않아도 괜찮다. 어느 정도까지는 이해할 수 있다. 그러나 많은 학생을 대표하여 학생자치를 이루어야 하는 조직의 임원이 본인의 가치관만 내세우며 다른 이의 의견을 수용하지 않는 태도를 보이는 것은 이해할 수 없다. 이는 학생회장인 나에게 꽤나 스트레스였고 다른 임원들의 불편함도 가져왔다. 그렇다고 나의 권한으로 그 임원을 학생회에서 퇴출하는 것은 말도 안 되는 짓이었다. 그 임원의 의견 또한 존중하며 최선의 방법을 찾아야 하는 것이 나의 임무라고 여겼기 때문이다. 이럴 때마다 종종 생각했다.

'아 면접 좀 제대로 할걸.'

학생회 임원을 구성할 땐 나의 가족을 찾는다고 여기며 나와 잘 맞고 많은 임원과 함께할 수 있는 이를 잡아야 한다. 직설적으로 말하자면 학생회장의 권한은 이럴 때 쓰여야 한다. 난 면접 당시

내 의견은 크게 내세우지 않았다. 학생회장의 권한을 남용하는 것처럼 보일 것 같다고 생각했기 때문이다. 미치도록 후회했다. 학생회장으로서 임원을 선택하고자 본인의 의견을 굳세게 밀고 가는 것은 권한 남용이 아니다. 당연히 해야 할 일이다. 나와 함께할 사람들을 뽑는 데 내 의견이 안 들어가서야 내 가족을 만날 수야 있겠는가? 그렇다고 우리 학생회 임원들이 내 가족이 아니었단 소리는 절대 아니다. 2년이 지난 지금도 모든 임원의 이름을 기억하며 그때를 추억하고 있다. 그래도 면접에 대한 후회는 여전히 남아 있다. '이 학생과 1년을 함께한다면 어떨까?'를 중심으로 하여 판단하면 좋았을 텐데 말이다. 하지만 임원과의 화합이 잘 이루어지지 않아 괜히 면접을 탓하는 내 능력 부족이 진짜 원인이 아니었을까 하는 생각도 든다. 모든 책임은 나에게 있는 것임을 다시금 느끼게 된다.

나의 부족한 능력은 또 다른 후회를 남겨놓았다. 여유가 없었다. 제대로 말하자면 잘해야 한다는 강박감이 넘쳐나서 나 자신에게 쉴 틈을 주지 않았다. 몇 달 전 인터넷 커뮤니티에서 우연히 글을 보았다. 회사에 취업한 인턴 직원이 우리 회사 사장님은 왜 일을 안 하냐는 내용이었는데, 해당 게시물에 달린 한 댓글이 몇 달이 지난 지금까지도 정확하게 기억이 난다.

'그건 일을 안 하는 것이 아니라 직원들의 모든 것을 관리하고 책임지며 일을 해결하기 위한 여유를 가지고 있는 것입니다.'

내가 과거로 돌아갈 수만 있다면 저 말을 16살의 나에게 백 번은 해주고 싶다. 난 각 부서가 해야 할 일을 스스로 도맡아 한 경우가 많았다. 지금 생각해보면 왜 그랬는지 모르겠다. 임원들에게 귀찮은 일을 주기 싫었던 리더의 순수한 마음이었을까? 아니면 '차라리 내가 빨리 끝내고 말지.'와 같은 임원들에 대한 낮은 신뢰성으로부터 나온 행동이었을까? 어느 쪽이 되었든 나의 행동은 옳지 않았다.

나 혼자 책걸상 10개를 1층에서 5층까지 옮기기도 하였고, 일부러 교무실을 왔다 갔다 하며 홍보지 프린트를 여러 선생님께 부탁드리기도 했고, 5개의 층을 뛰어다니며 홍보지를 벽에 붙인 적도 많았다. 더불어 사업 기획을 나 혼자서만 한 경우도 있었다. 이것이 못마땅해 하셨던 여러 선생님께서 나에게 "이런 것은 네가 하지 말고 다른 임원들이 하도록 해라."라는 말씀을 많이 주셨다. 이해할 수 없었다. 내가 고생을 하긴 해도 결과가 좋으면 괜찮은 것이고, 어차피 학생들과 선생님들은 결과를 보는 경우가 많을 것이라고 여겼기 때문이다. 어리석었다. 나를 위해 주신 소중한 말씀을 너무 비관적으로 받아들였다. 앞에서 말했듯이 난 잘해야 한다는 강박감이 있었다. 학생자치에 대한 욕심과 학생회장으로서 모두와 함께 좋은 결과를 만들고 싶은 마음에 가장 중요한 '협력'을 무시하였다. 힘듦과 지침의 연속이었다. 가면 갈수록 이게 맞나 하는 생각도 들고 '내가 학생회장으로서 잘하고 있는 건가?'하는 의심은 끊이질 않았다. 당시의 난 스스로를 객관적으로 바라보는 성찰의 능력이 부족했는지도 모르겠다.

학생회장이 되기 전의 나는 학생회장이라는 존재를 매우 멋진 시선으로 바라보았는데 막상 내가 학생회장이 되니 생각한 학생회장의 삶과 너무 달랐다. 만화 속에서 배운 환상이 현실에서 부서진 셈이었다. 친구들과 후배들은 학생회장 우현진을 정말 멋진 존재로 보아주었다. 차마 내가 그 앞에서 "학생회장으로 사는 거 힘들다. 진짜 그만두고 싶다. 난 자격 없다." 이럴 순 없어서 억지웃음으로 반응할 뿐이었다. 임원들을 더 믿고 역할 분배를 더 확실히 하여 리드하였다면, 학생회 담당 선생님께 나의 고민을 편히 털어놓아 조언을 구했더라면, 16살 학생회장 우현진은 더 성장할 수 있었을 것이다. 아쉽다. 많이 아쉽다. 그리고 미안하다. 나 자신에게 칭찬을 주기는커녕 채찍질만 반복하였으니 많이 힘들었을 것이다.

마지막으로 16살의 나에게 말해주고 싶다. 너의 고생과 눈물과 성장이 있었기에 난 지금 이 글을 너에게, 많은 이들에게 선일 수 있게 되었다. 수고 많았다.

#3 헛되지 않은 지난 365일

또 다시 마주한 어색함

고등학생이 되었다. 2020년은 코로나 19로 인해 입학식도 비대면, 수업도 비대면으로 진행되었다. 모든 것이 원활하게 진행되지 않는 상황에 학생회 또한 타격을 입었다. 3월에 구성되어야 할 학생회는 6월에 구성되었고, 난 전교 부회장으로 고등학교의 학생회에 첫 발을 내딛게 되었다.

처음에는 학생회에 적응하느라 꽤나 고생을 하였다. 중학교 때와 다른 점이 너무나도 많았기 때문이다. 중학교는 각 학년별로 회장과 부회장을 선출하였기에 회장단이 총 6명이었으나 고등학교는 2학년 학생회장 1명과 1, 2학년 학생 부회장 1명씩 총 3명으로만 회장단이 구성되었다. 더 이질감이 들었던 부분은 부서 편성이었다. 앞에서도 말했듯이 중학교는 타 학교와 차별화된 부서들을 편성했었다. 그런 학교에서 졸업한 내가 고등학생이 되어 마주한 부서는 총무부, 환경부, 봉사부와 같은 기존 이름의 부서들이었다. 어색할 수밖에 없었다. 내가 이 학교에, 이 학생회에 적응하는 데에만 반년이 걸렸다. 적응하는 과정 속에서 나 자신과 약속을 하나 했다.

절대 내가 경험한 학생자치만을 고집하지 말 것!
고등학교 학생회를 받아들이고
이 안에서 새로운 것을 많이 배울 것!

0에서 10으로

중학교 학생회 활동 시절부터 외부로 학생자치 강연을 나가기 시작했다. 강연 마지막에는 Q&A와 같은 질의응답 시간이 마련되었는데, 그때마다 한 번씩은 꼭 들어오는 질문이 있었다.

"학생회 선생님과 학생들, 그리고 학교에서 학생자치에 관심을 기울여주지 않아요. 그래서 저희가 할 수 있는 게 없어요. 어떻게 해야 할까요?"

학교 내 학생자치에 대한 공감과 연대가 부족하다는 고민이 끊임없이 나왔다. 당시에는 그 친구들을 잘 공감할 수 없었다. 그런 상황을 겪어 보지 않았으니까. '어떻게 학교에서, 선생님들께서 그러실 수가 있지?'하는 생각만 했기에 난 그 당시 "그냥 소신 있게 의견 굳게 밀고 학생자치에 대한 각오를 보여드려. 잘못한 거 없어."라고 말해주었다. 나의 가치관에서 비롯된 고민 없이 쉽게 나온 말이었다. 그리고 고등학교를 입학하고 나니 그 친구들의 마음이 조금은 공감이 되었다.

먼저 학생회를 바라보는 주변의 시선이 중학교 때와는 달랐다. 학생들 사이에서 '학생회가 하는 게 뭐가 있냐'는 취급을 받는 것은 당연하고, 선생님 중 몇 분께선 학생회를 그냥 학생 놀음인 조직으로 바라보셨으며, 심지어 날 대놓고 무시하신 분도 계셨다. 따뜻한 낙원에 있다가 냉혹한 정글 속에 내던져진 하찮은 존재가 된 것만 같았다. 어쩔 수 없지. 냉혹한 사회를 일찍 맛봤다고 긍정하며 학교에 적응하느라 고생만 한 1학년을 지나 2학년을 맞이한 후, 난 학생회장이 되었다.

내가 입학하기 이전의 학생회는 어땠는지 모르지만 과거의 학생회는 내가 상관할 바가 아니었고 상관할 여유도 없었다. 계속된 역사를 이어간다는 목적으로 우리 학생회의 개성을 잃고 싶지 않았다. 단지 코로나 19로 인해 2020년 학생회의 활동이 저조하여 학생자치가 바닥을 쳤다는 것이 좀 걸릴 뿐이었다. 난 교장선생님을 자주 찾아뵙는 편인데 교장선생님께 이 말씀을 많이 들었다. 우리 학교의 학생자치는 많이 활발하지 않으니 올해에 많은 발전을 일구어 주길 바란다는 것. 나 역시 그럴 생각이었다. 하지만 말만 쉽지 행동은 쉬울 리가 없다. 도대체 이 학교에서 학생자치를 어떻게 실현해야 할지 감도 안 잡혔고, 학생자치를 중학교 시절의 기준으로 바라보니 도전 장벽은 높아지기만 했다. 그래서 다 지웠다. 내가 중학교 때 만든 학생회 운영에 대한 관념을 지웠다. 우리 학생회는 113대 학생회이다. 1대부터 112대까지의 학생회는 전혀 신경 쓰지 않고, 이 학교에서 모든 것을 처음부터 한다는 마음으로 나도, 우리 임원들도 모두 0에서 시작하였다. 참 마음이 편해졌다. 신기했다. 무언가를 시도해서 실패를 맞이하면 '다음에 잘하면 되는 거지~ 우린 처음이잖아.'라고 하며 그냥 넘길 수 있을 것 같았다. 낙서가 되어 있는 종이에 무언가를 쓰면 낙서로 인해 그 무언가가 제대로 안 보이는 때가 있지만 백지에 무언가를 쓰면 뚜렷하게 보일 수밖에 없다. 우리의 선택은 너무 훌륭했다. 마치 우리 학교에 학생회가 올해 처음 구성되었다고 생각하고 0의 상태에서 시작을 한다고 하니 지금 당장 무엇을 해야 할지 한눈에 보였다.

새로운 학생자치

고등학교 학생회장이 된 후, 기회를 잡았다고 생각했다. 중학교 학생회장 시절 후회했던 것들을 이곳에서 풀 수 있겠다는 기회를. 가장 처음으로 한 것은 당연히 중학교 때와 같이 학생회 운영의 틀을 마련한 것이다. 우리 113대 학생회의 목표를 설정하고 고등학교에서 새로운 것을 하나 더 마련하였다. 중학교 학생회에서 사업의 기획, 준비, 진행은 누가 말하지 않아도 모두 다 잘 수행해 주었지만 매뉴얼이 없으니 확실히 부분부분 결점이 보이긴 했다. 또한 부서끼리 어떠한 사업을 하는지 잘 모르는 경우가 있었기에 학생회 내부 소통도 활발해야 한다고 생각했다. 그래서 〈사업 진행 매뉴얼〉도 새로 만들어 진행하고 있다.

〈기획 단계〉

1. 회의 후 회의록 및 사업계획서 작성

2. 학생회장 회의록 및 사업계획서 검토 후 피드백

3. 2차 회의 진행(학생회장 피드백 반영) 및 사업계획서 최종본 제출

4. 학생회장 최종 승인

〈준비 단계〉

1. 사업계획서를 학생회 전체 단톡에 공유합니다. (가능하면 이미지 파일로 공유 부탁합니다)

 - 본 단계는 해당 부서 뿐만이 아닌 모든 학생회 임원이 학생회 내 사업의 파악을 하기 위함.

2-1. 해당 사업계획서의 재정적인 부분(물품 구매)을 따로 작성해서 **총무부에게 전달**합니다.

 - ex: 본인 부서의 사업 물품 중 스터디 플래너 100개가 필요하다면 그 스터디 플래너 구매 사이트
    와 100개의 가격을 정리하여서 총무부에게 전달해주세요.(사업 진행일 기준 3주 전에 전달 부
    탁합니다.)

2-2. 해당 사업계획서의 내용을 **홍보부에게 전달**합니다.

 - 홍보부의 홍보지 제작을 위함입니다. 가능하면 사업 진행일 기준 2주전 전달 부탁합니다.

3. **총무부**는 제가 올려드린 엑셀 파일에 사업 진행 부서의 요청 물품 품목과 가격을 정리.

 - 1주일마다 각 부서별 필요 물품 여부를 조사해주세요.

3-1. 품목 작성 엑셀 파일을 프린트하고 민주시민교육부 김혜란 선생님을 찾아 뵈어 결재 처리해주
    시길 바랍니다. (매주 제출해주세요. 해당 주차에 품목이 아무것도 없으면 제출X)

4. 물품 도착 즉시 해당 부서는 물품 관리 및 사업 준비를 진행합니다.

〈진행 단계〉

1. 사업을 진행합니다.

 - 사업 진행 전, 학생회 전체 단톡에 사업 진행 내용에 대한 공지 부탁드립니다.

   (준비 단계의 1번과 같은 목적입니다)

2. 사업 종료 후, **피드백 회의**를 진행합니다.

 - 본 사업을 기획하며, 준비하며, 진행하며 부족했던 점과 개선점을 작성합니다.

3. 학생회장에게 제출합니다.

〈OO고등학교 113대 학생회 사업 진행 매뉴얼〉

앞서 언급했던 것처럼 익숙해지기 위해 어색해져야 한다. 고등학교에서도 마찬가지다. 학생회가 처음인 임원들이 대부분이었고 이런 체계를 스스로 만들어 적응해가는 것은 모두가 처음이었을 것이다. 스스로도 사업 매뉴얼을 만들어 운영하는 것은 처음이었기에 매뉴얼을 곁에서 떼지 않고 계속 임원들에게 강조하고 또 강조하며 우리 임원들이 새로운 학생회 운영에 익숙해지도록 최선을 다했다.

두 번째로 각 부서의 대표 사업을 하나씩 지정하여 기획했다. 부서의 정체성이 두드러지지 않고, 어정쩡한 상태만 계속된다면 그 부서는 차라리 없는 편이 낫다고 생각한다. 그렇게 이번 113대 학생회로 올라와서 한 부서를 폐지하기도 했다. 부서별 대표 사업 지정의 가장 큰 목표는 각 부서가 부서만이 가지고 있는 특별함을 이용하여 학생들과 함께 각 부서 특색 사업을 펼치는 것이다.

이번에 학생회장 공약으로 내세운 것 중 하나가 '학생회 사업 다양화'였는데, 총 3가지로 나눌 수 있다. 〈시설 개편 사업〉, 〈STUDY WITH 학생회!〉, 〈미니 페스티벌〉이다. 우리는 학생회를 총 7개의 부서로 다음과 같이 구성하였다.

총무부	학습부	학생 안전부	교육 정보부	예체능부	봉사부	홍보부

〈OO 고등학교 113대 학생회 부서 조직〉

〈시설 개편 사업〉의 경우, 규모가 크고 학생회만이 아닌 교육 3

주체(학생, 교사, 학부모)와의 만남도 필요하기에 회장단이 담당하기로 했다. 〈STUDY WITH 학생회!〉는 시험 기간마다 학생회와 학생들이 2주 동안 함께 공부하는 사업이기에 학습부의 대표 사업으로 매우 알맞다고 생각하였다. 마지막 〈미니 페스티벌〉은 코로나 19로 인해 학교 축제가 2년째 진행되지 못하고 있어 이를 대신한 '예술' 분야 관련 이벤트 사업을 마련하는 것으로 하여, 본 사업 권한과 책임은 예체능부에게 위임하였다. 이 외에 다른 부서도 임원들이 각자 부서의 운영 목적과 맞는 사업을 추진하였다.

다음은 '콜라보 사업'이다. 말 그대로 한 부서와 또 다른 부서가 협업하여 같이 사업을 진행하는 것이다. 중학교 때 가장 아쉬웠던 것이 각 부서가 유기적으로 연결되어 있지 않고 따로 운영된 것이다. 각자 부서의 사업만 진행하여 통합이 잘 이루어지지 않았다. 이때는 총 인원이 많았던 것도 원인이 아닐까 생각한다. 하지만 고등학교의 학생회는 총 17명이니 콜라보 사업을 진행하기에, 그리고 각 부서가 서로 마주하기에 좋은 조건을 갖추고 있어서 이번에는 같은 아쉬움을 반복하고 싶지 않았다. 대표적으로 교육정보부(줄여서 교정부)의 사업을 하나 제시하고 싶은데, 교정부는 우리 학생회 중에서 가장 애매한 부서였다. 부서명을 보면 솔직히 무슨 부서인지 예측이 잘되지 않는다. 그래서 부장 친구에게 말해주었다. "교육정보부라는 이름에만 얽매여 애매해지기보다 차라리 부서의 운영 목적을 새로 만들자"라고. 그렇게 교정부는 새로운 목적을 갖춘 부서로 재탄생하게 되었다. 나중에 114대 학생회가 찾아오게 되면 교정부 이름부터 바꿔야겠다. 원점으로 돌아가면 교정부의 사업은 '정보'라는 것을 중심으로 이룬 사업이 대부분이다. 그중 대표 사업이 〈클로버 라디오〉인데, 이름 그대로 우리 학교의 공식 라디오 프로그램이다. 학생회는 아니지만 학생회와 자주 만나는 방송부와 협업하여 라디오를 기획하고 진행한다. 난 우리 학생회 사업 중에서 이 사업을 꽤 많이 사랑한다. 매 회차마다 달라지는 라디오 스토리와 사연, 매번 학생들에게 전해줄 수 있는 말 등등 우리 학생회는 라디오로부터 우리의 마음을 적어도 학교라는 공간 안에서 공유할 수 있다. 이루고픈 '소통'을 다른 학교도 아닌 이 학교에서 한다는 점이 더욱더 보람을 안겨주었다.

마지막으로, 우리 학교 학생회장의 자리를 내려놓기 전에 강단 있는 짓을 하고자 한다. 용기가 필요한 일이고, 어쩌면 비난을 빚을 수도 있을 것 같은 짓이다. 난 학생자치의 주체는 무조건 학생이라고 생각하지만, 학생자치의 실현은 절대 학생만으로 이룰 수 없다고 생각한다. 현재 우리 학교는 '학생자치'라는 개념이 제대로 확립된 것 같아 보이지도 않고, 학생회의 활동으로만 학생자치를 실현하는 것에는 분명한 한계가 존재한다. 많은 학생, 교사, 학부모들이 함께하지 않으면 우리 학교는 계속 제자리일 게 뻔했다. 학생회장으로서, 학생자치를 학교 구성원과 함께 이루고 싶기에 이를 위한 프로젝트를 진행하려고 한다. 프로젝트의 실행 조건은 무조건 교육의 3주체인 학생, 교사, 학부모의 참여가 필수적일 것, 참여가 대면이든 비대면이든 1%라도 기여하고 참여여야 하며 강제적인 참여를 유도하지 않고 자발적인 참여를 유도하는 프로젝트여야 한다는 것을 조건으로 열심히 기획하고 있다. 나와 부회장 친구 빼고는 아무도 모르는 사실이기에 기획이 완료되면 바로 학생회 담당 선생님과 교장 선생님을 찾아뵈어 제안을 드릴 예정이다. 프로젝트를 기획하면서 든 생각은 '학생 주제에 이런 걸 해도 되는 건가?'라는 거였다. 내가 경험한 이 학교는 학생자치로서 3주체가 통합된 사례를 본 적이 거의 없기 때문이기도 하고 나 또한 이런 것은 처음 해보기 때문이기도 하다. 프로젝트의 내용을 여기에 자세히 말할 수는 없지만 내가 이 계획을 여기에 밝힘으로써 전하고 싶은 것은 '용기'의 실현은 학생회장에게, 학생회에게 필수적인 요소라는 점이다. 난 용기 있고 언제나 당당한 사람이 아니다. 선생님을 뵙는 것이 꺼려질 때도 있고, 모든 것을 그만두고 싶을 때도 있고, 나 자신을 부족하다고 합리화하며 그냥 넘어간 때도 있었다. 학생회장이라고 완벽하란 법이 있나. 나도 사람이다. 그러나 누군가 나에게 변화를 이루고픈 생각은 있지만 그냥 생각에만 그치고 행동하지 않는 사람이 될 것인가, 변화를 이루고픈 생각을 행동으로 실현하는 사람이 될 것인가 묻는다면 당연히 후자를 고를 것이다. 현재에만 머무르고 누군가가 바꿔 주길 바라면서 남에게 맡기면 내가 원하는 것의 반의반도 못 이룰 것이다. 내가 바라는 대로 바뀌길 바란다면 내가 직접 해야 한다. 그 과정은 매우 귀찮고 힘들고 '굳이 내가 꼭 해야 할까?'라는 생각까지 미치게 만들지만 학생이라는 신분을 단점이 아닌 장점으로 바꾸어 학생으로서 소신 있는 외침을 모두에게 전하고 싶다. 여러분도 혹여나 하나의 변화를 바라는 마음이 1%라도 있다면 성공이든 실패든 결과를 고려하지 말고 도전이라는 장벽을 넘길 바란다. 학교는 오히려 학생의 외침을 기다리고 있을 수도 있다.

중학교 때는 나의 일이 선배들의 뒤를 이어 잘 이루어진 학생자
치를 계속 유지시키거나 발전시키는 것이었다면, 고등학교 때는 학
생자치를 실현시키기 위한 기반을 마련한다는 것에서 이 시기가
절대 헛되지 않았음을 매일 깨닫는다. 나에게 소중한 경험과 거듭
되는 성장의 기회를 안겨준 우리 고등학교에게 고맙다는 인사를
남긴다.

#4 5년째 지겹게 들은 '그 소리'

오해가 사실이 되면 억울함은 우리 몫

"학생회는 도대체 하는 게 뭐야?"
"학생회인데 이런 것도 못 해?"

지금 이 글을 읽고 있는 당신이 학생회장이거나 학생회 임원이
라면 이 말을 듣고 반응하지 않을 수 없을 것이다. 난 중학생 때
부터 고등학생인 지금까지 저 말을 5년 동안 듣고 살았다. 만약
우리 학생회가 하는 일이 없었다면, 난 양심에 손을 얹고 학생회의
부족함을 인정했을 것이다. 그러나 실제 우리 학생회는 정말 열심
히 활동하였다. 만약 학생회가 할 수 있는 범위가 넓은 조직이었다
면 '이런 것'쯤은 당연히 할 수 있었을 것이다. 하지만 현실은 많
은 의견이 선생님께 기각당하기 마련이다. 그럼에도 우린 매일 저
녁까지 학생회실에 남으며 회의를 하고, 사업 준비를 하고, 때로는

같이 통화를 하며 밤을 보내기도 하였다. 중학교에서도 고등학교에서도 말이다. 우리의 노고를 인정받지 못하는 것은 억울한 일이다. 그 오해를 해결하지 않고 인정받지 못한 상태로 시간이 흐르면 더 억울할 수밖에 없다.

코로나 19로 대혼란이 왔던 2020년의 학생회는 활동이 많이 활발하지 않았다. '못했다'에 가깝긴 하지만. 2020년은 어쩔 수 없었다고 하자. 2021년까지 어쩔 수 없다고 할 수 있을까? 고등학교에서 학생회장이 된 후 난 우리 학생회의 많은 것을 바꾸었다. 사업도 매우 활발히 진행하였고, 학생들의 즐거움과 편의를 위해 회의를 끊임없이 진행하며 고민하고 또 고민하였다. 코로나 19라는 상황에서 최선의 방법을 생각해 내며 우리 113대 학생회는 성장을 거듭하였다.

그러나 학생들은 이를 알아주지 않았다. 때로는 선생님께서도 알아주지 않으셨다. 회의 중에 한 임원이 이런 말을 꺼냈다. 주변 친구들이 "학생회 지금 하는 게 있긴 해?", "너 학생회잖아. 이거 알 거 아니야."라고 계속 말한다고. 마음이 아팠다. 나의 노고를 알아주지 않고 오해하는 것이라면 그냥 넘어갈 수 있었다. 날 인정해 줄 사람은 인정해 주고 알아주니까. 억울함은 있어도 미련은 없다. 하지만 학생회에 대한 오해라면 절대 그냥 넘어갈 수 없는 게 학생회장이다. 학생들을 위해 존재하는 학생회가 학생들에게 인정받지 못한다니. 난 이를 바로잡고 싶었다. 그래서 새로운 도전을 시작하였다. 어쩌면 실패할지도 모르는 의미 없는 도전일 수도 있다. 상관없다. 실패하면 경험이고, 성공하면 좋은 것이다. 중요한 것은 아무것도 안 하는 것보다 무엇이라도 해야 변한다는 것이다.

우리는 눈앞에 보이는 것만 믿는다

도전에 앞서 학생회가 오해를 받는 원인이 무엇인지 임원들과 함께 고민해 보았다. 첫 번째는 학생들의 학생자치에 대한 편견, 두 번째는 우리가 일하는 모습을 학생들에게 '직접' 비추지 않은 것으로 정리할 수 있었다.

학생들이 학교에 무언가를 요구하고 싶을 때 거치는 매개가 바로 학생회이다. 보통 대의원회 회의를 거쳐, 혹은 학생회 사업으로 건의를 수렴하여서 이루어진다. 학생들이 학교에 요구하는 선의 시항은 재정적인 부분이 필요한 시설 관련 건의, 재정적인 부분이 필요하지 않은 학교 운영 건의로 나눌 수 있다. 후자라면 당연히 학생회에서 충분히 해결할 수 있다. 충분한 근거와 학생들의 의견 수렴을 바탕으로 선생님, 학부모님과 회의를 거쳐 충분히 반영될 수 있는, 쉽게 말하자면 실현 가능성이 높은 사항이다. 그러나 전자의 경우라면 말이 달라진다. 선생님, 학부모님과 회의를 거쳐도 재정적인 뒷받침 없이는 실현하기 어렵다. 그렇게 건의 사항이 실현되지 않아 나타나는 학생들의 불평불만은 학생회의 몫이 되어버린다. 학생회를 만능의 존재로 바라보는 시선에서 비롯된 편견이 학생회에게 엄청난 타격을 준다는 것을 학생들은 모르고 있었다.

학생회에도 당연히 문제점은 존재했다. 학생회 임원들은 우리가 모두 열심히 일하고 고생하였음을 안다. 그러나 학생들과 선생님들은 모른다. 당연하다. 우리가 회의하는 모습과 사업을 준비하고 진행하는 모습을 직접 보여주지 않았으니까. 우리 학교의 학생자치는 계속 발전하고 있다고, 다들 우리의 학생자치와 함께해 달라고 알리기 위해 학생들과 직접 마주하고자 많은 것을 준비했다. 성심을 다하면 천지가 감동해 굳센 금석도 갈라질 것이라는 말이 있다. 학생회와 학생 사이의 굳센 벽이 깨지길 바라며 학생회는 매일 성심을 다하고 있음을 모두가 알아주길 바란다.

도전 앞에 무너져 가능성을 잃지 말아라

우리가 학생들이 가진 학생회에 대한 오해를 풀고 학생회의 노고를 알리기 위해 시작한 첫 단계는 '우리 학생회에 대한 모든 것을 밝히자.'였다. 학생회에 대한 오해, 학생회에서 이루어지는 사업의 기획과 진행의 과정에 대해 정리한 다음, 이를 홍보부에서 카드뉴스로 제작하였다. 이후 학생회 공식 SNS 게시, 대의원회 단체 채팅방을 통한 각 반 단체 채팅방에 공지하였다.

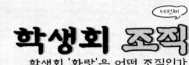

학생회 조직

학생회 '화랑'은 어떤 조직인가

'학생자치'의 실현을 위한 조직

학생회라는 타이틀을 배경으로 삼아 권위를 높이는
조직이 아닌, 학교의 3주체(학생, 교사, 학부모)를
위해 여러 사업을 기획하고 자체적인 활동을 진행하며
모두의 학교 생활을 즐겁게 해줄 수 있도록
도움을 주는 존재입니다.

현재 저희 화랑은 여러분들을 위해 뒤에서 열심히
고민하고 고민하며 많은 사업을 기획, 신행 중에 있습니다.

학생회에 대한 오해 풀기

학생회에 대한 오해와 추측 바로잡기

**1. 학생회는 무엇이나
다 할 수 있는 조직이다?**

A. 아닙니다. 학생회는
학교의 3주체(학생, 교사,
학부모)의 매개체가 되어
주는 존재입니다. 활동
예산도 제한되어 있으며
절대적이고 권위적인
조직이 절대로 아닙니다.

**2. 학생회는 학교에
대한 모든 것을 다 안다?**

A. 아닙니다. 학생회는
학생으로 구성되어 있는
조직으로, 학생회라고 해서
이득이 있는 것은 학생을
대표해 무언가를 이룰 수 있는
주체가 될 수 있다는 것까지
밖에 없다. 학생회는 권력이 큰
조직이 절대 아닙니다.

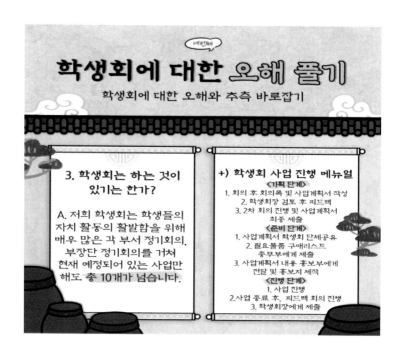

학생회는 무엇을 위해 존재하는지, 어떠한 조직인지, 한계는 무엇인지, 사업은 어떻게 진행하는지 등 많은 학생들이 모를 법한 내용을 담아 전교생 대상으로 공지하였다. '비밀리에 싸인 조직'과 같은 이미지에서 탈피해 조금은 더 친근한 이미지로 학생들에게 다가가 학생회의 장벽을 낮추는 데에 꽤나 기여를 한 방법이었다.

다음으로 우리가 계획한 것은 '학생들과 직접 마주하며 사업을 진행하자.'였다. 카드뉴스 공지를 10월에 진행하고 중간고사를 거쳐 11월을 맞이한 우리에게 다가온 것은 11월 3일 학생독립운동 기념일이었다. 교육청으로부터 지원받은 물품을 이용하여 사업을 기획하여야 했고, 학생과 직접 마주하는 사업을 진행하고 싶었기에 임원들에게 아침맞이를 제안하였다. 중학교 때는 밥 먹듯이 진행했을 정도로 간단한 사업이었는데, 고등학교에서는 저조한 참여와 코로나 19를 마주하니 전혀 간단하게 느껴지지 않았다. 아침맞이를 기획하며 가장 우려한 부분이 '학생들의 참여도가 과연 높을까?'였다. 높은 참여, 활발한 사업 진행, 학생들의 좋은 반응 모든 것을 다 잡고 싶었던 우리는 기획에 계속 머리를 쓸 수밖에 없었고 나중에 난 줏대 있는 발언을 날렸다.

"참여자가 전교생 중 5명이어도 상관없다. 가장 중요한 것은 학생들과 직접 마주하기 위해 우리가 움직였다는 것이다. 우리 학교에서의 아침맞이는 다른 학교에 비해 부족할 수도 있다. 학생자치가 활발하지 않던 학교가 하루아침에 달라지는 건 말도 안 된다. 이번 경험은 우리 학생회에게도, 그리고 학생들에게도 변화를 줄 것이라고 확신한다. 학생들의 하루 시작을 즐겁게 해 줄 생각만 하자. 처음부터 잘 진행될 학생자치활동이었으면 우린 지금 이렇게 고민하고 있지 않을 것이다."

그리고 아침맞이 당일, 우린 대박을 쳤다. 사실 참여자가 5명일 수도 있겠다는 생각은 농담이 아닌 진심이었다. 그만큼 우리 학교에 대한 나의 기대감은 높지 않았다는 뜻이다. 학생회장인 내가 우리 학교를 폄하하는 것 같아서 학교 이미지가 안 좋아지는 건 아닌가 하는 걱정도 들지만, 우리 학교는 매우 훌륭한 학교임을 자랑하고 싶다. 학생자치로도 자신 있게 자랑하고 싶지만 나의 양심이 너무나도 정직한 탓에 차마 그러진 못하겠다. 시금은 학생자치가 훌륭하지 않더라도 나중엔 그 무엇보다 훌륭할 것이다. 근거 없는 확신으로 뱉는 말이 아니다. 이 글을 쓰고 있는 지금으로부터 며칠 전에 진행한 아침맞이가 근거 있는 확신을 심어 주었다.

두 곳의 교문 앞에 놓인 테이블마다 학생들이 줄을 서 있었다. 스피커에서 울려 퍼지는 음악 소리는 임원들과 학생들의 즐거움을 높여주기에 충분했고 우리가 준비한 게임, 퀴즈 코너는 학생독립운동기념일을 알리고자 한 사업의 취지와 잘 맞아떨어졌다. 중학교 때를 보는 것 같았다. 우리 학교에서 이런 광경을 맞이할 수 있을 것이라는 생각 자체를 하지 못했다. 생각해 보니 이런 낮은 기대감을 보였던 이유는 학생회에서 이런 사업을 진행하지 않으니 평소 학생회와 학생과의 커뮤니케이션이 어떠한지를 몰라 짐작대로 참여도는 낮을 것이라는 안일한 추측을 한 것이 아닐까 싶다. 아니면 겁을 먹었는지도 모른다.

중학교 때에는 내가 입학하기 전에도 활발한 학생자치가 이루어졌기 때문에 난 그것을 이어가고 발전시키면 되었지만, 지금의 학생회는 처음부터 내가 쌓아 올려야 한다는 부담감이 도전을 망설이게 만든 것이다. 아침맞이는 어떤 학교에서는 별것 아닌 것처럼 보일 수도 있다. 중학교 때 우리 학생회는 아침맞이를 '사업'이 아닌 '놀이'로 여긴 것에 가까웠다. 갈수록 우린 아침맞이를 즐겼고, 등교하는 학생들과 함께 웃으며 하루의 시작을 행복으로 장식하였다. 반면, 아침맞이를 '놀이'로 여기기에는 어려운 학교도 있을 것이다. 우린 아직 아침맞이를 즐기기에는 경험이 턱없이 부족했다. 하지만 이번 아침맞이 사업으로 자신감을 얻었다. 우리 학교는 학생자치의 발전을 끝없이 이룰 수 있고, 우리 학생회는 그 발전을 얼마든지 만들어낼 수 있다. 발전의 요인이 사업의 성공이 되었든 사업의 실패가 되었든 상관없다. 도전이라는 장벽을 넘어 성공과 실패 모든 것을 겸허히 받아들이며 성장할 줄 아는 그 '자신감'이 학생회와 학생의 화합으로, 또는 학생, 교사, 학부모의 통합으로 인도해 줄 것이라고 확신한다.

#5 좋은 리더가 되는 법

인생 속 가장 큰 도전

이 세상의 모든 리더가 공통적으로 고민하는 점이 있을 것이나. '난 좋은 리더인가?'와 같은 본인의 리더십에 대한 고민 말이다. 나 또한 예외는 아니었다. 한창 어린이집에 다닐 나이인 6살 때 리더에 대한 고민을 하기 시작했다. 말만 거창해 보이지 별거 없었다. 친구들과 파워레인저 놀이를 하면 무조건 레드였고, 케로로 놀이를 하면 무조건 케로로였던 사람이었다. 어쩔 수 없는 성향도 관여를 할 수밖에 없었다. 6살의 나는 무엇으로 리더에 대한 고민을 하게 되었을까? 아직도 생생히 기억이 난다. 보통 어린이집, 유치원의 경우 선생님께서 책을 읽어 주시는 시간이 많다. 책 읽기 시간만 되면 난 선생님 대신 친구들 앞에 앉아 책을 읽어주곤 했다. (나의 의지로 선생님께 부탁드린 것이니 오해하지 않아도 된다.) 즐거웠다. 많은 친구들을 앞에 두고 직접 말하는 것이 흥미로웠고 선생님도 이런 나를 두고 두목의 기질이 있다며 우리 어머니께 말

씁하신 적도 있다. 리더도 아니고 대장도 아니고 두목이라니. 난 두목이라는 단어의 어감이 꽤 포악하게 느껴진다. 내가 저 때 포악하게 지냈나? 아무튼 친구들 앞에 서는 것을 즐거워한 나는 '어떻게 해야 친구들이 날 더 좋아해 줄까?'라는 고민을 하였다. 리더로서 말이다. 친구들이 내가 하는 말에 불평 없이 따라주고 날 좋아해 줘야 비로소 만족감을 얻었다. 그때의 난 '친구들이 잘 따르는 리더가 좋은 리더'라는 리더관을 가지며 살았던 것이다.

그 리더관은 초등학교 때도 변함이 없었다. 그러다가 초등학교 3년간 반장의 삶을 살아온 나에게 잘못된 리더관이 심어지게 된 사건이 발생하였다. 초등학교 3학년 때였을 것이다. 급식실에 가기 전 남녀로 줄을 설 때 앞쪽 친구들끼리 갈등이 일어나 혼란스러웠던 적이 있었다. 반장인 나는 그 친구들을 중재할 필요가 있었고 그 애들을 통제하기보다 양쪽의 상황을 파악하는 것이 더 나을 것이라고 판단했기에 상황은 지체되었다. 그리고 한 친구가 나에게 일침을 놓았다. 반장이 왜 이런 것도 해결 못하냐고, 애들을 통제하고 관리해야 하는 게 네 역할인데 왜 그걸 못하냐고. 저 말을 듣고 그 하루 동안은 그 말이 계속 맴돌았다. 나의 가치관을 스스로 확립하기 어려운 10살 초등학생이 저런 말을 들으니 다 내가 잘못한 것만 같았다. 더불어 초등학생의 나는 많이 내성적이었기 때문에 큰 소리를 내는 친구들의 말이 다 옳게 들리기도 했다. '친구들을 통제하고 관리를 잘하는 리더가 좋은 리더'라는 리더관이 확립되기에 딱 좋았다. 그 후 4학년, 5학년 때도 반장을 지나 6학년이 되어서는 리더의 자리를 포기하였다. 반장 선거에 이름을 올리지 않았다. 자신이 없었다. 친구들에게 좋은 리더가 될 자신이 없었다. 도대체 좋은 리더가 무엇인지 답을 찾을 수가 없었다. 학생회장의 자리는 거들떠보지도 않았다. 나와 너무 거리가 먼 자리로 느껴지기만 했다. 6학년 때 우리 반 반장을 보면 주변에 언제나 친구들이 넘쳐났다. 본인이 하는 말 한마디에 친구들이 웃고, 친구들이 움직였다. '저런 애가 리더를 하는구나.'하고 생각했다. 그래서 더욱 욕심이 생겼다. 난 친구들에게, 선생님께 인정받고 싶었고 그 욕심을 안은 채 어느새 중학생이 되었다.

난 중학교 3년 내내 학급회장단을 하지 않았다. 초등학교 6학년부터 계속된 '좋은 리더가 될 자신이 없다.'라는 고민이 주된 원인이었다. 그러던 중, 새내기였던 나에게 무언가가 눈에 밟혔다. 학생회였다. 예비 소집일에서 학생회가 어떠한 조직인지는 대충 듣긴 하였으나 솔직히 무엇을 하는 곳인지 잘 몰랐다. 멋진 선배들이 있다는 생각 정도였다. 학생회에서 활동하면 분명히 무언가를 배울 수 있겠다는 직감, 그것 하나가 면접 지원서를 쓰도록 만들었다. 이제 와서 보니 돗자리 깔아도 될 정도였다. 면접에 합격하여 학교 행사부라는 부서의 임원이 된 후, 학생회라는 타이틀은 나에게 경각심을 가져다주었다. 학생을 대표하는 조직의 임원인 만큼 그에 따른 책임감은 필수적이어야 할 것 같았기 때문이다. 그 책임감과 함께 2학년이 끝날 때까지 학생회에서 많은 것을 배우고자 노력하였고 그 속에서 좋은 리더란 무엇인지에 대해서도 답을 얻고자 하였다. 그리고 중학교 3학년을 앞둔 2018년 말, 인생에서 가장 큰 도전을 하기로 결심하였다.

초등학교 때 바라본 학생회장의 자리는 내가 감히 탐낼 자리가 아니라고 여겼으나 중학교 때는 달랐다. 2년 동안 친구들, 선배들과 함께 학생회라는 조직에서 활동을 하며 종종 대담한 생각을 하곤 했다. '내가 학생회장이라면 이 부분은 이렇게 했을 텐데'라는 생각 말이다. 그 대담한 생각은 학생회장 선거 출마에 대한 나의 자신감을 올려주기에 충분했다. 학생회장이라는 자리는 절대 가벼운 자리가 아님을 이미 알고 있었기 때문에 고민 또한 적지 않았다. 고민을 거듭할수록 답은 좁혀져만 갔다. 결국 내 마음에는 도전해 보자는 결심만 남게 되었다. 그리고 후회하고 싶지 않았다. 왠지 이 기회를 잡지 않고 도전도 하지 않은 채 그냥 지나가면 땅을 치고 후회할 것 같았다. 여전히 학생들에게 좋은 리더가 될 자신은 없었다. 나에게 자신이 있던 것은 학생자치에 대한 나의 경험과 나의 직감. 딱 그 두 가지뿐이었다. 그것이라도 믿고 학생회장이라는 자리에서 1년간 리더란 무엇인지 더 깊게 고민하면 분명히 내가 찾고 싶었던 좋은 리더에 대해 더 다가갈 수 있을 것이라는 확신으로 선거에 출마하였다. 그 짧은 선거 기간 동안 엄청난 노력 끝에 학생회장 우현진으로 전교생을 마주하게 되었다.

남에게 맞추지 말고 나에게 맞춰라

학생회장이 된 후, 신경 써야 할 것이 급격히 많아졌다. 그중 가장 신경 써야 할 것은 역시 학생회였다. 회장으로서 조직을 어떻게 더 성장시킬 수 있을지, 어떻게 해야 임원들의 능력을 최고로 발휘할 수 있도록 만들 수 있을지, 그리고 학생회장은 학생회를 어떻게 바라보아야 하는지. 학생회에 대한 모든 것이 고민이었다. 임원 간의 갈등이 일어나면 상황을 케어하지 못한 나의 잘못이 큰 것만 같고, 사업을 진행하여서 학생들의 참여율이 저조하면 제대로 리드하지 못한 나의 잘못이 원인인 것 같고. 학생회장이라는 멋진 타이틀을 달고 멋짐과는 동떨어진 우울한 고민만 반복할 뿐이었다.

 자리가 사람을 만든다는 말이 있다. 나 또한 그랬다. 저 말은 사람이 '변화'한다는 것을 뜻하지만 난 말 그대로 사람을 만들었다. 학생회장이라는 자리에 어울리도록 모범적으로 보이고 싶었고, 여유를 잃지 않는 사람으로 보이고 싶었고, 멋진 사람으로 보이고 싶었다. 그렇게 되고 싶은 게 아니라 그렇게 보이고 싶었다. 그렇게 될 수만 있다면 진작에 되었겠지. 근데 난 그게 안되는 사람이었기 때문에 날 계속 꾸며내고 거짓된 사람으로 만들기 일쑤였던 것이다. 갈수록 어려워졌다. 모두가 만족할 만한 리더는 어떤 리더인지, 내가 되고 싶은 리더는 어떤 리더인지 더 알아가기는커녕 딴 길로 새기만 했다.

 그로부터 몇 년이 지난 지금, 당당히 말하고자 한다. '좋은 리더란 무엇일까?', '모두가 좋아하는 리더는 어떻게 되는 것일까?'라는 질문에 대한 답은 절대 나타날 수 없다. 좋은 리더가 되는 방법이 없다는 소리가 아니다. 오히려 그 방법이 너무나도 많기에 답을 하나로 정리할 수 없는 것이다. 여러분이 지금 리더에 대한 고민을 하고 있다면 그 고민은 덜어도 괜찮다고 말해주고 싶다. 과거의 나에게 전해주고픈 말이기도 하다. 스스로 고민을 하고 있는 것만으로 여러분은 이미 좋은 리더라고 나의 모든 것을 걸고 말하고자 한다. 중학생 당시에 난 스스로를 만족스럽게 여기지 못하며 리더의 삶을 보냈지만 지금 생각하니 꽤 멋진 삶을 보낸 것 같다. 능력이 부족했지 리더십으로 부족하진 않았다고 생각한다. 그 리더십은 '나만의' 리더십이었기에 멋진 삶이라고 정의할 수 있었다. 내가 계속 성장하여 지금의 리더관을 갖추어 이 자리에 이를 수 있게 된 이유는 정말 별거 없다. 시간의 흐름과 함께 살아갔기 때문이다. 그 시간의 흐름을 우린 제각기 다르게 이용한다. 그러니 살아가는 생활도 다르고, 취미도 다르고, 느낀 것도 다르고 모든 것이 다 다르다. '나만의' 리더십을 갖추는 것은 어렵지 않다. 지금 여러분이 살아가는 그 생활 속에서 여러분 각자의 개성을 이용해 리더의 삶을 살아가면 된다. 모두에게 만족을 얻고자 하고 맞추고자 하는 수동적인 리더의 삶이 아닌, 나밖에 할 수 없는 리더의 삶 말이다.

여러분은 이미 자신만의 리더십을 갖추고 있다

여기서 내가 추구하는 리더관을 말해보겠다. 리더는 조직의 정점에 서 있는 존재인 동시에 조직의 노예이기도 하며 조직을 위해서 스스로를 아끼지 말아야 한다. 이러한 리더관으로 전체를 보며 각 임원들에게 알맞은 역할을 분배해 일을 진행해왔고 학생회를 위해 다양한 방법으로 자신을 아끼지 않았다.

'나만의' 리더십을 갖추자는 것. 나의 리더십은 유치원 때로 시작해 초등학교를 거쳐 중학교와 고등학교에 이르는 과정까지 많이 바뀌었지만 현재 내가 갖추고 있는, 절대 변하지 않을 것이라 확신하는 나만의 리더십은 '일할 땐 날카롭게 평소엔 부드럽게'이다. 난 학생회 활동을 포함한 모든 공적인 일에 칼 같은 자세를 갖춘다. 이런 자세를 갖추었기에 회의가 잘 진행되었고, 일이 잘 진행되었고, 과정에 대한 결과가 보장되었으며, 스스로 더 성장할 수 있었다. 반면 평소의 내겐 칼 같은 모습이라곤 찾아볼 수가 없다. 교실에서 노래를 부르기도 하고 복도에서 춤을 추기도 했다. 이러한 이중성이 나의 성격이자 개성이다. 내 성격에서 비롯되는 특징은 억압하지 않고 이를 이용해 나만의 리더관을 만들어냈다.

다른 리더는 나와 다를 수도 있다. 일할 땐 오히려 부드러운 자세를 갖출 수도 있으며 평소에 칼 같은 면모를 보일 수도 있다. 아니면 언제나 칼 같을 수도, 부드러울 수도, 재미있을 수도 있다. 지금 이 글을 읽고 있는 여러분도 분명히 여러분만이 가지고 있는 개성과 함께 본인만의 리더십을 갖출 수 있다. '나의 리더십을 모두가 인정해 주지 않으면 어떡하지?'와 같은 걱정은 그다음이다. 자신의 리더십을 만든 후, 실현의 과정에서 수많은 변화가 분명히 일어난다. 난 현재의 리더십을 갖추기까지 자그마치 10년이 넘는 시간이 있었다. 그 시간 속에는 감히 글로 형용할 수 없는 소중한 경험과 성장이 언제나 따라왔다. 여러분의 시간도 절대 글로는 표현할 수 없는 대단한 자산이 가득할 것이다. 그 자산은 무조건 제 값을 하게 되어 있다.

#6 에필로그

일단 저지르고 보는 삶은 성공할 수밖에 없다

책 출판이라는 버킷리스트를 지닌 채 '책을 쓰게 되는 날이 오면 꼭 이 말은 넣어야지!'라고 생각한 것이 있다. '도전'에 대한 것이다. 난 옛날에 무엇 하나를 결정하려면 기본적으로 며칠은 고민을 해야 답이 나오는 사람이었다. 미래에 내 앞에 나타날 수도 있는 '실패'를 회피하고 싶은 마음으로부터 나온 행동이었다. 계속 살아가면서 피곤하다는 생각밖에 들지 않았다. 무조건 성공하고야 말겠다는 다짐으로 인해 시간은 낭비되고, 에너지도 소진되니 내가 맞이하는 것은 '실패' 또는 '도전을 하지 않는 것'이었다. 가만히 있는 것이 더 나았을 것을 굳이 손해를 가져온 셈이다. 결국 난 하루 날을 잡고 스스로에 대한 성찰의 시간을 제대로 가져보았다.

토요일 하루 종일, 계획을 하나도 세우지 않고 지갑만 들고 밖에 나간 후 아무 곳이나 돌아다녔다. 그것이 나에겐 성찰의 시간이었다. 어느새 보니 가본 적도 없는 서울 어딘가에 도착해 있었다. 엄청난 계획형 인간인 나에게는 있을 수 없는 일이었다. 서울에 도착한 후 난 무엇을 했을까? 길가에 고양이가 누워 있길래 주변에 있는 대형마트에 들어가서 간식을 사서 고양이와 놀기도 했고, 가장 좋아하는 장소인 서점이 근처에 있길래 서점에서 3시간을 내내 있었더니 목에 갑자기 담이 와서 손에 들고 있던 책 5권을 발에 떨어뜨려 발이 너무 아팠던 기억도 있다. 또 길을 걸어보니 녹차

크레이프를 파는 가게가 보여 가게에 들어가서 주문을 했더니 알바생 분께 첫눈에 반했다는 말까지 듣기도 했다. 여러분이라면 이 일을 사전에 계획할 수 있는가? 난 못한다. 어떻게 저런 다이나믹한 일을 생각할 수 있는 거지? 하루 동안 100% 즉흥적인 삶을 살아본 후, '난 세상을 참 좁게 보고 살아왔구나.'라는 말을 일기장에 세 번이나 적었다.

계획만 하며 미래의 나의 행동을 통제하기만 하면서 좁은 시선으로 구성된 삶은 절대 '새로움'과 만날 수가 없다. 계획을 세운 상태로 서울에 갔다면 난 고양이와 만날 수 없었을 것이고, 서점에서 목에 닭이 와 책을 발에 떨어뜨리는 희귀한 경험은 못해 봤을 것이며 알바생 분께 고백을 받기도 어려웠을 것이다. '도전'은 성공으로 향하기 위해 존재하는 발판이 아니다. '새로움'과 만나 세상과 세상을 바라보는 시각을 넓히기 위한 통로이다. 계획이라는 것이 꼭 필요 없다는 소리는 아니다. 만약 여러분이 계획을 세우고 세워도 답이 나오지 않고 시간만 끈 채 답답함이라는 감정이 들게 된다면 그 계획은 과감하게 접고 일단 시작이라도 해보자는 것이다.

도전의 장벽이 높게만 느껴지는 사람들은 하나의 공통점을 가지고 있다. 본인을 믿지 않는 감정을 가지고 있다는 것이다. 나 자신에 대한 신뢰가 부족하면 본인의 능력에 대해 의심이 들 수밖에 없고 결국 결과까지 불신하게 되어 최악의 결과만 고려하게 된다. 내가 그랬다. 도대체 뭘 그렇게 두려워한 걸까? 지금 보면 정말 별거 아니었다. 실패해도 상관없었고 성공하면 그냥 좋은 건데 실패를 겪은 나 자신을 맞이하고 자괴감을 느끼기 싫어서 차라리 도망친 거였다고 밖에 생각이 들지 않는다. 실패, 솔직히 아직도 맞이하고 싶지 않은 존재이긴 하다. 도대체 누가 실패를 즐거운 마음으로 받아들일 수 있지? 맞이할 거면 성공을 맞이하고 말지. 실패는 나에게 안 좋은 감정의 씨앗을 심어주곤 하지만 정작 그 씨앗에서 피어나는 열매는 참 가치가 있어서 흥미롭다. '실패는 성공의 어머니'라는 말이 요즘에는 너무 흔하게 쓰이고 있지만, 저 말은 진지하게 되새길 필요가 있다고 본다. '실패는 성공의 어머니'라는 말을 내 기준으로 좀 더 풀어서 쓰자면 '실패라는 경험에서 깨닫게 된 것이 계속 모이면 그것이 성공으로 이어주는 길이 된다.'가 아닐까 싶다. 결론은 실패를 두려워할 필요가 없다는 것이다. 두려워할 거면 우리에게 다가올 학교 시험의 난이도를 두려워하는 것이 훨씬 보람 있을 것이다. 우린 지금까지 수많은 도전을 분명히 해왔고 그 도전에서 결과로 향하는 길을 많이 걸었다. 지금 이 책을 읽고 있는 여러분도 이 책의 표지를 펼치는 도전을 시작으로 이 페이지까지 함께하게 되었다. 시작은 언젠간 마지막에서 끝나기도 하고 중간에서 계속 머무르기도 한다. 또는 시작에 계속 머물러 위만 쳐다볼 수도 있다. 인생의 즐거움은 새로운 것을 맞이했을 때 그 진가를 발휘한다. 본인에게 목표가 있거나 혹은 흥미가 있는 요소가 있다면 두려워하지 말고 도전해 보자. 분명히 그 길은 여러분께 그 무엇과도 바꿀 수 없는 보물을 안겨줄 것이다.

잊지 못할 사람들

이 책의 영광을 함께하고 싶은 분이 있다. 중학교 학생회장 시절 나에게 큰 힘이 되어 주셨고 많은 배움을 아낌없이 주신 김영석 선생님께 감사함을 전하고 싶다. 학생자치의 길에 더 깊게 발을 담글 수 있도록 많은 기회를 주셨고, 그 기회를 나의 성장으로 이어갈 수 있도록 어느 하나 버릴 것 없는 조언을 주셨다. 내 인생에서 가장 소중하고 절대 잊을 수 없는 한 해인 2019년이 더 빛날 수 있었던 그 길에는 언제나 선생님께서 함께해 주셨다. 선생님께서 국어 담당이신 만큼 제자로서 선생님께 작살나는 한 문장을 선물해 드리고 싶다.

"제 인생 속 한 부분을 차지해 주셔서 감사합니다."

나의 양분, 학생자치

김지원(작전여자고등학교)

처음 이 책을 함께 써보지 않겠냐는 제의를 받았을 때, 나름 흔쾌히 승낙은 하였지만 많은 고민도 뒤따랐다. 몇 페이지의 줄글로 엮어낼 만큼 대단한 경험을 한 것도 아니었고, 함께 책을 쓰는 친구들에 비해 학생자치에 입문한 지 얼마 지나지 않았다고 생각했기 때문이다. 그럼에도 제안을 승낙했던 것은 나의 경험이 삶에서 너무나 소중한 양분으로 작용했기 때문이다.

#1 잊지 못할 세 가지 경험

학생독립운동기념일

고등학교 2학년, 학생회장으로 선출되고 그저 학생회 일만이 내가 할 수 있는 학생자치라고 생각했던 때가 있었다. 하지만 그렇게 생각했던 나를 비웃듯 이후 많은 문이 열리기 시작했다. 인천광역시교육청 학생자치네트워크라는 것을 알게 되고, 용기를 내 학생자치네트워크 서부지역의 대표가 되었다. 무슨 일을 하는지도 모르고 맡게 된 이 자리에서 처음으로 한 일이 학생독립운동기념일 기념이었다.

 11월 3일 학생독립운동기념일을 기념하여 학생들에게 이날을 알리고 흥미를 가질 수 있는 행사를 개최하는 것이 내가 할 일이었다. 사실 정말 막막했다. 참가 대상도 인천 내 고등학생 전체로 범위가 넓었고, 처음엔 나도 제대로 모르는 기념일이었다. 같이 행사를 개최해야 할 서부지역 대의원들과도 아직 서먹했을 때라 대표라는 자리에서 무작정 협조를 구하기도 무안했다. 도저히 갈피를 잡지 못할 때에 다른 지역 대표 학생들과 회의를 했다. 그렇게 의견을 나눴던 그 회의는 나에게 손에 꼽을 정도로 인상 깊은 자리였다. 4명이 참가한 회의였지만 학생회 20명과 했던 회의, 학교 대의원 약 50명과 했던 회의보다도 많은 의견이 나왔다. 의견의 질도 매우 좋았다. 현실성 있고, 실용적이고, 의미가 있을 만한 행사 개최 방안이 4명의 머리에서 쏟아져 나왔다. 게다가 원활한 피드백까지 이루어졌다. 논리적이고 근거가 있는 피드백을 하는 과정에서 어떤 점을 고려해야 더 성공적인 행사를 개최할 수 있을지가 명확해졌고, 회의가 진행될수록 의견이 고갈되기보다 더 구체적이고 새로운 의견들이 봇물 터지듯 나왔다. 그때 회의를 하면서 나는 실시간으로 감탄했다. 회의라는 것이 처음으로 즐거웠던 것 같다. 많은 의견을 내야 한다는 부담감과 좋은 의견을 내야 할 것만 같은 부담감을 가질 필요가 없었다. 대체 여태까지 했던 다른 회의와 어떤 것이 다르길래 결과가 이렇게까지 차이가 났을까?

사실 거창하고 대단한 것이 아니었다. 회의에 참석한 모든 구성원이 적극적으로 참여했다는 점과 경청의 태도를 가졌다는 것이다. 한 명 한 명이 적극적으로 목표를 위해 생각하고 발표하는 분위기가 점점 더 목표를 향한 열정을 가지게 하고, 또 그 열정이 다시 적극적인 분위기를 만들어내는 긍정적인 굴레가 된 것이다. 또한, 경청의 태도가 있었기에 적절한 피드백이 오고 갈 수 있었고 존중의 분위기를 만들어 낼 수 있었다. 서로의 의견을 존중하는 태도 또한 중요했다. 자신의 의견이 존중을 받고 있다는 그 믿음은 의견을 내는 것에 부담을 줄여주었다. 이 회의를 통해 앞으로 학생회장으로서, 또 여러 리더의 자리에서 의견의 장을 주도할 때에 어떤 방향성을 가지고 회의를 진행해야 하는지에 대한 나만의 철학이 생겼던 것 같다.

아무튼 잊지 못할 이 회의에서 학생독립운동기념일을 기념하기 위한 행사로 공모전을 진행하게 되었다. 코로나 19로 인해 대면 행사를 할 수 없다는 점을 고려한 결정이었다. 주된 콘셉트를 정한 이상 남은 것은 주저하지 않고 실행하는 것이었다. 한 번도 개최해 본 적 없는 공모전 추진을 위해서는 꽤 큰 용기가 필요했다. 일정을 정해야 했고, 홍보지를 만들어야 했으며, 신청을 받을 인터넷 폼을 만들어야 했고, 신청자들을 부문별로 정리하고 여러 사람의 공정한 심사까지 진행해야 했다. 적은 인원으로 진행하는 것이 쉽지 않았지만, 차근차근 무엇을 해 나가야 할지 정하고 나니 수월하게 진행되어 연계 활동인 굿즈 제작까지 성황리에 마무리되었다.

이렇게 처음으로 큰 행사를 주도하고 나니 엄청난 성취감이 들었다. 성취감과 함께 '만약 내가 해보지 않은 일이라며 이를 포기했다면 나는 이런 뜻깊은 경험을 할 수 없었겠구나.'하는 생각이 들었다. '도전'이라는 것의 큰 가치를 느끼게 된 것이다. 이렇게 학생자치는 나를 도전 앞에서 담대할 줄 아는 사람으로 성장하게 했다.

교내 축제

한 해를 마무리하는 12월, 우리 학교 학생회는 긴급 태세에 들어갔다. 바로 코로나 19로 전체 등교도 하지 못하는 상황에서 교내 축제를 진행해야 했기 때문이다. 우리 학생회는 2020년의 학교 축제를 생략하고 싶었다. 보통 생각하는 축제는 모두 강당에 들어앉아 댄스 동아리의 공연을 비롯하여 학생들의 노래, 춤, 연극 공연 등을 보며 응원하고 즐기는 것인데 코로나 19로 관객은 고사하고 스태프도 전부 모일 수 없었다. 당시에 집합 가능 인원은 5명이었던 데다가 준비 기간도 2주뿐이었다. 대체 이걸 어떻게 진행해야 할지 가늠도 되지 않았다. 학생회의 사기는 떨어질 대로 떨어졌고, 학생들의 기대도 없었다. 하지만 우리는 해내야 했다. 또 한 번의 도전을 하게 된 것이다. 이왕 꼭 해야 하게 된 것, 정말 열심히 해보자 싶어 학생회가 필사적으로 머리를 맞대고 고민한 결과, 아무도 예상하지 못한 새로운 축제가 열리게 되었다.

우리가 생각해 낸 것은 바로 '보이는 라디오'였다. 영상 플랫폼에서 실시간 진행으로 채팅을 통해 관객과 소통하고 사연 소개, 미리 녹화한 축제 공연 영상 방송, 행운 번호 추첨 등의 다양한 콘텐츠를 제공하는 코로나 시대에 최적화된 온라인 축제였다. 콘텐츠까지 모두 정한 그 시점에서 남았던 것은 뼈빠지게 일하는 것뿐이었다. 축제를 2주 안에 준비하는 것은 불가능하다고 생각했지만, 학생회를 하다 보면 불가능도 가능으로 만들어내야 할 때가 있는 법이다. 역할을 분담해서 한 명도 빠짐없이 최선을 다해 일했다. 내 고등학교 3년 동안 그렇게 빠르게 간 2주는 없었던 것 같다. 점점 노력한 결과가 눈에 보여갈수록 하기 싫고 그저 힘들기만 했던 마음이 성공해내겠다는 의지로 변해갔다. 희망 학생들이 오디션을 보러 오고, 우리 손으로 꾸민 촬영 스튜디오가 완성된 것을 보니 이번엔 축제에 대한 두려움과 막막함이 기대로 변하기 시작했다.

어려운 코로나 19 상황에 학생들의 소소한 즐거움이 될 것을 생각하니 뿌듯했고, 주변 학교에서 축제를 취소한다는 소식을 듣고 나니 이런 상황을 이겨내고자 노력하는 학생회의 모습이 빛나 보였다. 한편으로는 자랑스럽기도 했던 것 같다. 끝내 우리는 2020년 코로나 첫해로 어수선했던 시기의 축제를 훌륭하게 마쳤다. 축제를 마치고 나니 힘든 마음은 가시고 뿌듯함이 그 자리를 대신했다. 어린아이들이 자신의 모험담을 풀어내듯 자신의 자리에서 최선을 다해 한 일을 자랑스럽게 이야기하는 학생회 동료들의 모습이 참 멋지게 보였다. 축제를 진행한다는 어려운 결정에 따라와 준 것이 고마웠고 툴툴거리면서도 최선을 다하고 끝까지 해이해지지 않고 성실하게 임하는 성숙한 태도가 존경스러웠다. 그렇게 뿌듯한 마음을 안고 고등학교 2학년을 마치게 되었다.

우스갯소리로 2020년도 학생회는 코로나 19 비상대책위원회라며 종종 자조했다. 전에 해오던 일을 아무것도 할 수 없었고, 새로운 것에 도전할 수밖에 없어 매사 부담스럽고 두려웠지만, 지금 생각해 보니 코로나 19 덕분에 다른 시기에는 해 볼 수 없었던 경험을 많이 할 수 있었던 것 같다. 어려운 상황조차 긍정적으로 생각할 수 있었던 까닭은 우리는 도전했고, 최선을 다했으며 만족스러운 결과를 얻었기 때문이다. 과정은 어렵고 힘들었지만, 그 시간이 특별하고 빛나는 추억이 되었다. 또 자신의 자리에서 성실하게 임하는 것이 공동체의 목표에 얼마나 든든한 기둥으로 작용하는지 모두들 배우는 계기가 되었다.

청소년 정책 포럼

고등학교 3학년, 학교에서는 학생회장 자리를 내려놓고 공부에 전념할 때이지만, 나는 학생회장의 자리에만 있었던 것이 아니었다. 인천광역시교육청 학생참여위원회 정책위원장이라는 직책을 맡았고, 고3이라는 어쩌면 자치활동이 부담스럽게 다가올 시기임에도 불구하고 정책 포럼 개최의 주체가 되었다. 나는 이과이고 IT 계

열 진학을 희망하는 학생으로서 정책에 대해 아는 것이 하나도 없었다. 그런데 초·중·고 학생이 모두 모여 하나의 주제로 정책을 제안하는 정책 포럼을 개최한다고 하니 다시 한번 막막해졌다. 위의 두 가지 경험을 포함한 여러 경험을 통해 도전에 익숙해졌다고 생각했는데, 그것은 자만이었다. 어떻게 도전에 익숙해질 수가 있을까? 내가 모르는 새로운 것에 첫발을 딛는 것은 그 누구에게도 쉬운 일이 될 수 없을 것이다. 정책이 무엇인지도 제대로 모르는 상황에서 정책을 논하는 포럼을 열어야 한다는 것이 그렇게 부담스러울 수 없었다. 하고 싶지 않은 마음이 구석에 작게 피어났다. 게다가 나는 이 일을 다른 정책위원회 위원에게 미룰 수 있었다. 고등학교 3학년이니 너무 부담스럽다면 다른 학생에게 넘겨주어도 좋다는 이야기를 몇 번이고 들었다. 하지만 도저히 그렇게 할 수가 없었다. 누가 보면 공부를 해야 할 때에 미련하다고 할지도 모르지만, 나는 벌써 정책 포럼을 마치고 난 뒤에 얻을 성취감을 기대하고 있었다.

내가 만든 장에서 많은 학생들이 자신의 의견을 이야기하고 모르던 것을 알아가는 의미 있는 경험을 하게 하고 싶었다. 해내고 싶다는 마음, 많은 학생들에게 의미 있는 경험을 하게 해주고 싶다는 마음이 너무 커서, 한구석에 작게 있던 하고 싶지 않다는 마음을 지워내주었다. 나는 하기로 결정하자마자 정책에 대해 조사하기 시작했다. 그리고 정책 포럼의 주제였던 '생태환경교육'에 대해서도 조사했다. 이제는 막막함 앞에서 가만히 어떻게 하지, 고민만 하며 남의 도움을 빌리려고 전전긍긍하지 않았다. 당장 내가 할 수 있는 일, 나에게 필요한 일을 하기 시작하면 서서히 갈피를 잡을 수 있게 된다는 것을 알았고, 아무것도 하지 않을수록 불안함은 더 커지고 막막함은 나아지지 않는다는 것을 학생자치를 통해 배웠기 때문이다. 그리고 망설임 없이 함께하는 동료들의 의견을 구했다. 나 혼자의 의견보다 여럿의 의견을 모으면 더 좋은 아이디어가 나온다는 것, 혼자서는 절대 모든 것을 해낼 수 없다는 것 또한 학생자치를 통해 배웠기 때문이다.

　모르는 것을 알아보고 여러 사람의 의견을 들어보고 나니 어느 정도 방향성을 잡을 수 있었다. 그래서 포럼에서 다루어 볼 세부적인 주제와 홍보 방식, 진행 방식을 어느 때보다도 노련하게 속전속결로 할 수 있었다. 하지만 모든 일이 쉽게 풀리지는 않는 법인지, 또 한 번 난관에 부딪혔다. 초등학생과 중학생, 고등학생이 모두 참여하는 이 행사에서 어떤 순서를 통해 모두 의미 있는 경험을 할 수 있을지 도저히 알 수 없었다. 아무래도 지식수준의 차이, 문제 상황을 바라보는 시선의 차이, 학교의 차이까지 나는 학생들이 의견을 제대로 나눠서 제대로 하나의 정책을 제안할 수 있을 것 같지가 않았다. 어떤 순서가 있으면 유의미한 의견을 내고 서로 공감할 수 있을지 고등학생의 입장에서, 중학생의 입장에서, 초등학생의 입장에서 끊임없이 생각했다. 자세히 어떻게 행사를 진행했는지는 모두 이 글에 담을 수 없겠지만, 최대한 쉽고 간결한 질문을 던지고 학교급의 수준별로 다양한 의견을 낼 수 있는 방식으로 진행하기로 결정했다. 그리고 이것은 그리 나쁜 해결 방법이 아니었던 것 같다. 결과적으로 나름 만족스럽게 마무리했기 때문이다. 이렇게 지나고 나서 글로 쓸 때야 별것 아닌 결정처럼 보이지만 저 결정을 할 때까지 당시에는 수십, 수백 번을 고민했다. 물론 힘들었다. 포기하고 싶었다. 고3, 중요한 내신 기간이었고 그 외에도 진로 고민, 진학 고민으로 머리가 터질 것 같았다. 하지만 나는 내 선택에 책임을 지고 싶다는 책임감, 많은 사람과 함께 좋은 경험을 하고 싶다는 일종의 이타심, 배려심으로 끝까지 해낼 수 있었다. 결국에는 자랑스럽게 하나의 일을 또 해냈고, 그 기초에는 책임감이 있었다.

지금 생각해 보면 나와 함께 자치활동 한 많은 친구들의 공통점이 있었던 것 같다. 맡은 일을 끝까지 해내겠다는 책임감, 목표 의식, 최대한 많은 사람이 좋은 영향을 받기를 바라는 선한 마음. 이것들이 학생자치를 위한 소중하고 중요한 자질들이었던 것 같다.

위의 세 가지를 빼고도 참 많은 것을 경험하고 배웠다. 이 모든 것은 내가 학생이기에 할 수 있는 소중한 경험이었다. 어른이 되면 또 언제 이렇게 순수한 마음으로 동료와 함께 일하며 우리들이 원하는 일을 마음껏 할 수 있을까? 또 내가 학생자치를 만들어간 경험을 하지 않았다면 도전하는 기쁨과 성취의 매력을 어떻게 알 수 있었을까? 이것들만 해도 남들은 쉽게 얻지 못하는 소중한 것들을 많이 얻었다고 할 수 있다. 후회하지 않을 아주 의미 있는 경험이었다.

#2 고3의 학생자치

고등학교 3학년이 되어서 학생자치네트워크 활동과 학생회장 활동을 하는 것을 본 많은 사람들이 던진 질문들은 대부분 비슷했다.

"너는 공부 안 하니?"

"공부에 방해되지 않아?"

"대학은 어떻게 가려고 그래, 생기부 관리 안 하고 그런 것 할 시간이 있어?"

이런 질문을 들을 때마다 대답하기가 참 곤란했다. 실제로 공부를 하지 않고 있었던 것도 아니고, 학교생활기록부를 관리하지 않은 것도 아니었다. 그런데도 이런 이야기를 듣는 것은 왜 그런 것일까, 솔직히 조금 억울하기도 했고 눈치도 보였다. 그리고 학생자치가 이렇게 취급된다는 것이 씁쓸했다. 나는 지금부터 고3을 포함해서 입시의 부담을 가진 고등학생으로서 학생자치활동을 하는 것이 어떤 것인지, 그리고 나름대로 현명하게 임하기 위해 정해 놓은 네 가지 철칙을 소개하고자 한다.

첫 번째, '내 능력을 정확하게 파악하기'이다.
자치활동을 한다는 것은 매번 새로운 과제를 처음부터 끝까지 자신들의 힘으로 해결해야 한다는 것과 같다. 그만큼 많은 생각을 해야 하고, 시간을 할애해야만 한다. 하지만 고3은 학생자치에 할애할 수 있는 시간이 비교적 적은 편이다. 세부특기사항을 위한 수행평가와 과제, 내신성적을 위한 공부, 수상을 위한 대회 참가, 진로 활동에 혼신의 힘을 쏟게 되기 때문에 학생자치가 뒷전이 된다. 하지만 의지와 뜻과 욕심을 가지고 학생자치에 임하기로 한 이상, 내가 할 수 있는 일을 정확히 알고 능력 내의 일에서 책임을 질 수 있도록 하는 것은 매우 중요하다. 특히 시험 기간이나, 과제가 몰리는 기간, 수행평가 기간에는 더욱이 그렇다. 내 능력을 파악하고 책임지고 마칠 수 있는 일을 정확히 골라내서 하겠다고 하고, 그 말에 책임을 지고 마치는 것은 정말 중요한 일이다. 그저 욕심에 앞뒤 가리지 않고 온갖 일에 모두 참가 의사를 보여 놓고는 시험 때문에, 수행평가 때문에, 과제 때문에, 학원 때문에 못할 것 같다며 마감 기간에 임박해서 발을 빼 버리면 시간은 시간대로 잡아먹고 나 때문에 다른 구성원이 내가 해야 했을 일을 떠맡는 불상사가 생긴다. 이런 일이 반복되면 결국에는 스스로의 신뢰도는 한없이 깎이게 된다.

그리고 그 결과는 미래에 올 도전의 기회를 앗아가는 결과를 초래한다. 그렇다고 할 수 있는 것만 하고, 현재 자신의 상태에 안도하라는 이야기가 아니다. 자신의 능력을 웃도는 일들에 도전도 해봐야 한다. 하지만 그것도 여유가 있을 때의 이야기이다. 한계를 뛰어넘기 위해, 시간을 할애할 수 있을 때에, 책임을 진다고 하는 것이다. 그 시기를 구분할 줄 알고, 그 시기에 집중해서 자신의 능력을 뽐내는 것도 실력이다.

두 번째, '거절하기를 두려워하지 않기'이다.

학생자치에 뜻을 가지고 책임감이 강한 학생 중에는 종종 '거절하는 것은 회피하는 것'이라고 생각하는 학생들이 있다. 하지만 이생각은 자신을 엄청나게 어정쩡한 학생으로 만들어버릴 수도 있는 위험한 생각이다. 이런 학생들은 '나를 믿고 제안했는데 거절하는 것은 제안한 사람을 실망시키는 거야.'라든가, '내가 할 수 있는 일인데 시간 좀 없다고 거절하는 건 체면이 서지 않아.'라던가, '선생님이 부탁하신 일인데 내가 어떻게 거절해?'같은 생각을 하곤 한다.

하지만 이런 생각은 어지간하면 하지 않는 것이 좋다. 아니, 그냥 하지 말도록 하자. 명심할 것은 '나에게 부탁하고 제안하는 사람은 나에게 조금도 강요하지 않고 있고, 강요할 수도 없다.'라는 사실이다. 그리고 아무도 거절한다고 해서 나에게 실망하지 않을 것이고, 겁쟁이라고 하지 않는다. 거절할 것은 거절하자. 마땅한 이유로 거절할 줄 아는 것도 자신이 책임감 있고 합리적이고 현명하다는 증거가 된다. 가장 중요한 것은 나 자신이다. 내가 거절하지 못해서 해야만 하는 일을 제쳐 두고 어쩔 수 없이 한 일과 그일에 투자한 시간과 노력, 힘은 나중에 후회로 돌아와서 괜히 남탓을 하게 한다. '그때 나에게 제안만 안 했더라면, 부탁만 안 했더라면 나는 지금 이것보다 훨씬 더 잘 할 수 있었을 텐데…'하며신세한탄 정도나 하게 된다. 이것은 단단히 잘못된 생각이다. 많은 학생들이 이런 생각을 하는데, 착각하면 안 된다. 한다고 한 것도 나, 못한 것도 나이다. 책임지고 못할 것은 거절해야 한다. 아무도 거절하지 못하는 사람을 현명하다고 하지 않는다는 것을 명심하자. 이런 생각은 자신으로 하여금 공동체는 고사하고 자신의 말 하나도 책임지지 못하는 사람으로 만든다.

세 번째, '학생자치를 핑계가 아닌 계기로 삼기'이다.

학생자치에 힘쓰는 학생들이 괜히 공부에 방해되지 않느냐는 질문을 받는 것이 아니다. 이런 질문들을 받는 이유는 여태까지 학생자치는 많은 학생들에게 핑곗거리로 삼아졌기 때문이다. 학생회장을 하느라 시간이 없어서, 운동회 준비한다고 너무 바빠서, 수능이벤트 준비한다고 정신이 없어서, 그래서 성적이 떨어졌다고 하는 학생들이 꽤 있기 때문이다. 이건 자치활동을 하면서 너무 힘들었기 때문에 공부에 소홀해졌다고 하는 핑계이다. 이러면 당연히 학생자치에 대한 시선이 곱지 않을 수밖에 없다. 바람직한 사고 루트는 학생자치에 시간을 할애했으니, 그만큼 공부를 더 열심히 하는 계기로 삼는 것이다. 남들이 잡지 못하는 두 마리의 토끼를 모두 잡기 위해 노력할 줄 알아야 한다.

학생자치를 하겠다고 한 나의 선택에 끝까지 책임지고 끈기 있게 노력해야 한다. 한 번 학생자치가 핑계가 되는 순간 악순환에 빠진다. 성적이 떨어지니 학생자치가 밉고, 하기 싫고, 필요 없는 대상이 된다. 하지만 학생회에서 나가기도 눈치가 보이고, 학생자치를 그만두기에도 여태까지 한 것이 아까워서 꾸역꾸역 버티며 일을 하니 능률도 안 오르고 시간은 시간대로 더 잡아먹힌다. 한순간에 무한한 가치를 가진 학생자치가 가치를 잃고 시간 낭비가 되어버리는 것이다.

결국에는 마음가짐의 문제다. 내가 학생자치를 공부하기 싫은 핑계로 삼는지, 공부를 더 열심히 할 계기로 삼는지에 따라 매사에 열심히 임하는 성실하고, 자주적인 학생이 될 수도 있고, 공부에서 도망쳐서 학생자치를 하는 미련한 사람이 될 수도 있다. 아무도 자주적이고 리더십만 있는 사람을 원하지 않는다. 자주적이고 리더십도 있는 사람을 원한다. 이렇게 학생자치를 핑계로 삼고 자기합리화의 도구로 삼는다면 고3 1학기에 학생자치가 죽도록 미워질 수도 있다.

그리고 마지막으로 '대학을 위해서 학생자치를 하지 말기'이다. 대학을 가기 위해서, 스펙 쌓기로 학생자치를 하고 싶다면 그 시간에 공부를 하자. 학생자치는 단지 스펙 한두 줄 정도의 가치를 가지지 않았다. 하지만 입시에 가려지면 그냥 학생회에 이름을 올리고 학교생활을 열심히 한 척할 수 있는 수단에 지나지 않게 된다. 나에게 고등학교 3년간 성적이 특히 좋은 학생이었는지 묻는다면 나는 아니라고 부정할 것이다. 그냥 낮지는 않은 편의 성적으로 수시 성적을 마무리했다. 성적에 대한 욕심이 없었던 것도 아니다. 굳이 따지자면 성적도 잘 받고 싶고, 상도 타고 싶고, 학생회 활동도 다 하고 싶어 하는 욕심이 많은 학생이었다. 하지만 한국의 고등학생은 그렇게 한가하지 않아서, 그리고 나의 능력이 그렇게 발

군이지는 않아서 모든 것을 다 해낼 수는 없었다.

　당연히 우선은 공부였다. 수업 시간에 충실하게 임하고 독서실에 앉아 집중해서 공부도 하고, 나름 공부에 시간을 할애했다. 그리고 자치활동에도 최선을 다했다. 지금만 할 수 있는 이 경험들이 나를 성장시킬 것이라 믿었기 때문이다. 만약에 내가 학생회장도 하지 않고, 그 외의 모든 자치활동에 시간을 쓰지 않았다면 성적이 더 좋았을 수는 있다. 어쩌면 조금 더 좋은 대학에 합격했을지도 모르는 일이다.

　하지만 나는 지금 내가 고등학교 3년간 학생자치활동을 하며 얻었던 것들을 얻기 못했을 것이다. 문제집에는 나오지 않는 도전의 가치와 경청의 자세를 배울 수 없었을 것이고, 공동체의 소중함 또한 알 수 없었을 것이다. 내가 주체가 되어 학생의 주권과 학생들의 즐거운 생활을 위해 고민하고 실천하며 실패도 해보는 경험도 할 수 없었을 것이다. 자주적이고 도전적이며 매사에 핑계보다 방법을 찾을 줄 아는 지금의 나를 만들 수 없었을 것이다. 나에게 학생자치는 정말 무한한 양분으로 작용했다. 조금이라도 자치활동을 한 것을 후회하지 않느냐 물어보면 당연히 그렇다 대답할 것이다. 나는 최선을 다했고, 공부와 더불어 엄청난 가치들을 배웠다. 그러니 대학만을 위해서라면 학생자치에 몸 담지 않을 것을 추천한다. 이런 가치들을 얻을 의지 없이 하는 학생자치활동은 시험 기간에 부담만 주는 시간 낭비가 될 것이다.

#3 내가 만난 여러 리더들

'리더'라고 하면 딱 떠오르는 이미지가 있다. 많은 사람들이 생각하는 리더는 '지도자'의 자질을 가진 사람이다. 카리스마와 결단력, 계획성과 주도면밀을 포함한 대표적인 자질을 가진 사람들을 리더라고 생각한다. 그리고 주로 그런 사람들을 리더로 세우고자 하며, 그런 자질을 갖추어야 리더가 될 수 있다고 생각한다. 물론 나도 그렇게 생각했었다. 그리고 리더가 되기 위해 그런 자질들을 갖추기 위해 노력했다.

하지만 막상 많은 대표들을 만나면서 리더의 양상은 매우 다양하다는 것을 알게 되었다. 우리가 보통 생각하는 지도력이나 서번트 리더십을 가진 사람만이 리더가 되는 것은 아니었다. 그래서 나는 내가 거쳐온 리더들의 여러 모습을 이야기하며 리더가 되고 싶은 많은 학생들에게 용기를 주고자 한다.

카리스마형 리더

일단 많이들 떠올리는 리더의 대표적인 군상이다. 앞에 나서기를 잘하고 적극적이며, 자신의 의견을 피력하기를 좋아한다. 그리고 조직의 지향점을 설정해서, 그 목표를 위해 나아가자고 구성원을 독려하고 때로는 달콤한 칭찬과 때로는 날카로운 지적으로 조직의 발전을 일구어 내기도 한다. 아무래도 이런 유형은 구성원들이 아주 믿고 따르는 경우가 많다. 그리고 구성원들이 요구하기 전에 먼저 나서서 이런 것을 고치면 어떨까, 이런 점은 더 발전시키면 어떨까, 하고 누구보다 활발한 아이디어 뱅크가 된다. 이러한 성향이 강한 리더가 있는 집단일수록 빠른 템포로 일이 진행되는 경향이 있다. 그리고 팀의 전체적인 동향을 중심으로, 하나의 큰 목표를 중심으로 리드하는 경우가 많아서 거시적인 안목을 가진 학생들이 많다.

이런 리더들의 가장 큰 장점은 단체 안에서는 믿음직한 대장, 단체 밖에서는 구성원을 대표하는 듬직하고 똑 부러지는 대표가 된다는 것이다. 많은 일을 믿고 맡기고 싶은 안목이 있어 일을 맡겨 놓으면 강한 추진력으로 속전속결, 구성원들과 훌륭하게 마무리하는 모습을 보였다. 또, 대부분 앞에 잘 나서는 만큼 자신에 대한 믿음이 강하기도 해서 피드백을 받아도 속상해하기보다 해결책을 찾아 나가는 성숙한 모습을 보인다. 자기만의 가치관이 뚜렷한 학생들이 많아서 단체의 색이 짙기도 하고, 일관성 있는 모습으로 단체를 위해 헌신하는 학생들도 많다.

하지만 이런 학생들의 주된 고민은 항상 너무 자신이 이끌어야 하고 앞장서야 한다는 부담감에 조급함을 느끼는 것이었다. 그리고 거시적인 면이 강해서 섬세한 부분을 신경 쓰지 못하는 경우도 더러 있어서 구성원 내의 갈등과 같은 일을 그저 떠안은 채로 목표만을 향해 달려가다 화를 입기도 한다. 또, 자신이 너무 중심이 되어있는 학생들은 경청보다는 자신이 말하고 결정하는 경우가 많아서 구성원들이 지쳐 협조하지 않는 경우도 많이 있다. 이러한 유형의 리더들은 매사에 차분하게, 그리고 섬세하게 단체를 이끌고자 하는 노력이 필요하다고 생각한다.

화합형 리더

카리스마형 리더가 앞에서 키를 잡고 이끄는 선장과 같았다면 화합형 리더는 단체의 한가운데 중심이 되는 자석과 같다. 친화력이 매우 좋고 다른 사람의 감정에 예민해서 단체의 분위기를 화목하게 이끌어 나가기를 잘하는 유형인데, 이런 리더가 있는 단체는 정말 대부분 가족 같은 분위기를 하고 있었다.

리더가 중심이 되어 화목한 분위기이다 보니 소속감도 뛰어났다. 또한 팀원 간의 의리와 소속감이 단체의 원동력이 되기도 하는 등 매우 긍정적으로 작용하였다. 체계적이고 계획적인 면은 다소 다른 리더들보다 부족하다는 느낌을 받을 때도 있지만, 이런 유형은 단체의 단합이 정말 잘 되어서 과업의 분담도 잘 되고 구성원 간의 갈등도 중재가 잘 되며 구성원 사이에서 생긴 감정적인 갈등으로 인해 화를 입는 경우가 적다.

또, 자신이 아이디어 뱅크가 되기보다도 화목한 분위기를 바탕으로 모든 구성원이 적극적으로 의견을 내며 다양한 의견을 모으기도 한다. 그러다 보니 결과물도 언제나 독창적이고 다양한 경우가 많다. 구성원의 중심에서 구심점 역할을 하는 만큼 이런 유형의 리더들도 남들 앞에 서는 것을 어려워하지는 않지만, 외부적인 활동보다도 내부에서 더 훌륭한 역량을 펼친다.

단체 내에서 회의를 진행하고, 의견을 수렴하고, 의견의 타협점을 찾아가는 과정을 수월하게 이끄는 등의 활동에 최적화된 자질을 가지고 있다. 이런 리더와 함께 일해본 경험이 있는데. 회의를 할 때에 모든 구성원이 사소한 의견이라도 가벼운 마음으로 자유롭게 말할 수 있는 분위기를 능숙하게 조성하는 모습이 매우 인상적이었다.

하지만 이런 유형은 줏대가 약한 경우가 많다. 구성원들의 의견을 하나하나 모두 들어가며 많은 의견을 모을 수는 있지만 대표로 하나의 의견을 결정하는 것으로 잘 이어지지 않는 편이다. 그러나 그 누구도 이것을 단점이라고 하지 않았다. 구성원 모두가 적극적이 분위기를 만들어 놓은 만큼, 의견 결정 과정에서도 구성원들이 모두 참여하여 가장 민주적인 방법으로 의견을 하나로 모은다. 많은 사람들이 의견 결정과정에 참여한 만큼 많은 경우를 고려할 수 있기 때문인지 전체적으로 하나의 프로젝트를 끝낸 것을 보면 아주 디테일하고 최대한 많은 사람들이 누릴 수 있는 결과물을 내놓을 때가 많다.

이러한 유형의 리더들은 자칫하면 우유부단해 보일 수 있고, 이런 태도가 리더의 권위를 떨어뜨려 결국에는 구심점 역할을 하지 못하게 되는 경우가 있기도 하다. 그러니 이런 유형의 리더, 또는 리더를 희망하는 사람은 대표로 결정해야 할 때는 대담하고 과감하게 결정할 수 있는 능력을 키우는 것도 큰 도움이 되리라고 생각한다.

서포트형 리더

내가 가장 존경하기도 하고, 가장 인상 깊은 리더의 유형이기도 한 마지막 유형은 서포트형 리더이다. 이 유형은 앞에서 이끄는 것도, 중심에서 모으는 것도 아닌, 후방에서 지지하고 응원해 주고, 듬직하고 조용하게 구성원의 용기가 되어주고 반석이 되어준다. 의견을 잘 내기도 하지만 여러 구성원의 의견을 자연스럽게 이끌어 내는 식의 화술에도 능하고 한 명 한 명의 특징을 섬세하게 알고 있어 업무 분담을 정말 효율적으로 잘 하는 모습을 보인다. 오히려 적극적인 다른 구성원이 실행 대장을 맡고 있고, 리더는 업무 분담이나 계획 수립, 목표 수립, 그리고 해야 할 일 등의 정보를 전달하는 등 모든 구성원이 가장 편하게 일할 수 있도록 돕는 양상을 띠는 단체가 많았다. 자칫하면 별일도 안 하고 다른 사람도 다 할 수 있는 잡일을 도맡아 한다고 생각할 수도 있는데 그것과는 천지 차이다.

이런 유형의 리더는 전체적인 목표를 잘 이해하고, 각 구성원이 현재 하고 있는 일들을 모두 디테일하게 파악하고 있어서 어느 구성원에게나 도움을 줄 수 있도록 준비가 되어있다. 그러기 위해선 섬세함도 필요할뿐더러 체계적인 면도 필요하다. 또한 다른 리더들보다도 신경 쓸 것이 배로 많기 때문에 성실해야 하는 것은 필수이다. 그리고 의견을 수렴하는 과정에서 자신만의 가치관을 뚜렷하게 가지고, 민주적으로 모은 의견 사이에서 단체의 목표와 성격에 가장 맞는 것을 결단력 있게 선택하고 그를 위해 함께 노력하자고 구성원을 독려하는 능력도 뛰어나다.

하지만 외부적인 활동을 할 때에는 앞에 서는 것을 힘들어하는 학생이 꽤 많은 유형이기도 했다. 뒤에서 조용히 든든하게 지지하는 역할을 주로 하는 만큼, 앞에 서는 것에는 익숙하지 않은 학생들이 많기 때문이다. 이로 인해서 가끔 단체의 대표로서 총대를 메야 할 때나, 선생님들 또는 다른 학생들과 협상을 해야 할 때에 미숙한 경향을 보였다. 이런 유형의 리더는 정말 드물었지만 그래도 다른 사람들이 많이 가지지 못한 능력을 가지고 있다.

단점으로 작용할지도 모르는 대표로서 대외적으로 당당하게 적극적으로 자신의 의견을 피력하지 못하는 점을 보완하면 정말 이상적인 리더가 될 수 있고, 설령 그렇지 않더라도 적극적이고 앞에 잘 서는 구성원만 있다면 문제 될 일이 없는 유형이다. 이러한 유형의 리더에게는 정말 배울 점이 많다. 거시적인 안목과 디테일함을 고루 갖춘 인재들이기 때문이다. 이러한 리더가 되려면 한 걸음 빨리, 한 걸음 먼저 구성원을 위해 길을 마련하는 리더이기 때문에 당연히 헌신하는 마음도 있어야 하고, 배려심, 이타심도 필요하다.

남들 앞에 보이는 태도가 어떤지가 중요한 것이 아니다. 얼마나 성숙한 의식 수준으로 공동체의 중심이 되어 단체에 선한 영향력을 미칠 수 있는지가 중요한 것이다. 공통적인 자질이었던 성실성, 솔선수범의 자세, 책임감, 포용력, 배려심을 가진다면 당신이 앞에 나서는 리더이던, 뒤에서 지지해 주는 리더이던, 아마 구성원들은 당신을 의지하고 강제로 이끌려고 하지 않아도 당신을 따를 것이다.

이것은 어디까지나 내가 학생자치를 하며 만나온 리더들을 큰 덩어리로 나누어 본 것이다. 물론 이 외에도 정말 많은 유형의 리더가 있다. 다양한 리더들 모두 다른 장점과 단점을 가지고, 특성을 가지고 있다.

여기서 말하고 싶은 것은 앞에 나서는 게 조금 두려워도, 큰 목소리로 모두를 휘어잡는 것이 어려워도 리더의 자리는 구성원들의 발전을 도모할 수 있는 자리이다. 그러니 용기를 가지고 자신의 가치관과 능력을 믿고 자신만의 리더십을 가진 대표가 되도록 도전해 보라는 말을 하고 싶다. 그리고 또 대표의 자리에 서면 배우는 것도 많고 변하는 것도 많다. 어쩌면 지금은 약점이라 생각될 수도 있는 면들은 보완되고, 지금 가지고 있는 자신의 특성이 남들은 가지지 못한 엄청난 장점으로 작용할 수도 있다. 그러니 도전해 보면 된다. 남을 위해 헌신하고 자신의 꿈을 펼치려고 마음을 먹은 이상 당신의 진가를 알고 함께할 사람이 분명 있을 것이다.

#4 학생자치는 앞으로 나를 어떻게 도울까

위에서 수없이 언급한 것과 같이 학생자치를 통해 정말 많은 것을 얻었다. 도전 정신, 성실함, 포용력, 배려심, 이타심, 공동체 의식 등 돈을 줘도 배울 수 없고, 공부한다고 배울 수 없는 것들을 경험으로 익힐 수 있었다. 이런 가치들이 앞으로 나에게 어떤 도움이 될까, 그리고 나를 여태껏 어떻게 도와왔을까?

우리는 살아가면서 한 번도 겪어보지 못한 시간을 살아간다. 매일 똑같은 굴레 같아도 사실은 일분일초가 우리에게는 도전이고 선택의 연속이다. 해보지 않은 것, 가보지 않은 곳을 항상 마주친다. 이럴 때마다 내가 도전 정신을 배우지 못했다면 도망치기 급급했을지도 모른다. 원래 모르는 것은 무섭기 마련이고, 불확실성 때문에 도전은 언제나 불안한 것이다.

하지만 학생자치를 해오며 도전의 결과가 성공이든 실패이든 결국 항상 무언가를 얻어갈 수 있음을 알았다. 실패했다면 교훈을, 성공했다면 용기와 노하우를 얻게 된다. 도전을 통해 얻는 것은 무하하지만 잃을 것은 없다. 도전을 포기한다면 오히려 언제 다시 올지 모르는 기회도 잃게 된다. 나는 그것을 학생자치를 통해 알게되었다. 여태까지 그래왔듯이 앞으로도 도전해야 할 일이 생기면 나는 두려워도 망설임 없이 뛰어들어 경험을 쌓고 넓은 견식을 가지게 될 것이다. 경험들은 나를 더 깊은 사람으로 만들어 줄 것이고 멋진 어른이 되게 해줄 것이다.

또한 학생자치를 통해 배운 포용력의 가치는 정말 아름다웠다. 세상에는 정해진 정의와 옳고 그름이 있다고 생각했던 생각을 고치게 해주었다. 이 세상 모두는 다르고, 그 다름을 이해하면서 의견을 맞추어 나갈 때 비로소 나도 편해지고, 모두를 위한 길로 갈 수 있음을 말이다. 리더라면 당연히 포용력이 중요하다. 하지만 리더가 아니더라도, 사회의 구성원으로서 타인의 다름을 인정할 줄 아는 성숙한 자세를 가지고 열린 마음을 가졌을 때, 우리는 타인의 장점을 발견할 수 있을 것이고, 그것을 본받으며 차근차근 더 나은 사람이 되는 기회를 얻게 될 것이다.

마지막으로 공동체 의식이다. 학생자치를 통해 혼자 살아갈 수 없는 세상에서 사람들과 함께 같은 가치를 추구하는 것의 아름다움, 그리고 공동체의 구성원으로서 가져야 할 마음가짐과 미덕을 배웠다. 함께하는 공동체 모두의 의견을 경청하고, 이해하는 법. 그리고 옳지 않은 것을 예의 있게 비판하는 법, 그리고 많은 사람들 사이에서도 나의 가치관을 관철하며 가치판단을 하는 법.

이 모든 것들은 어디에 가서도 배울 수 없을 것이다. 대학교에 가서, 회사에 가서, 그리고 하나의 가정을 꾸리며 살아갈 때에 오로지 자기중심적으로만 생각할 줄 아는 어린 생각의 어른이 되어서는 곤란하다. 공동체를 위해 헌신하기도 하고, 공동체를 진심으로 아끼는 어른이 되기 위한 연습을 했다고 생각한다.

이 외에도 학생자치에서 배운 것들과 느낀 것들은 무수하게 많다. 하나하나 모두 이야기할 수 없을 정도로 했던 많은 경험과 스쳐가듯 만났지만 학생자치라는 큰 뜻을 함께했던 소중하고 대단한 사람들을 어른이 되어서도 잊지 못할 것이다.

살아감에 있어서 큰 양분이 될 것이 학생자치라고 생각한다. 자기의 목표를 확립하고 주장하며 스스로를 위해 나서서 목소리를 낼 줄 알고 더불어 살아갈 줄 아는 사람이 되기 위해 학생자치를 놓치지 않기를 바란다. 그리고 이 기회를 놓치지 않았던 것은 그간 살아오며 가장 잘한 일 중 하나다. 이 책을 읽는 학생 여러분들도 자칫 건조하게 지나갈 수 있는 지금 이 시기에 학생자치라는 양분을 뿌려 보기를 바란다.

초등학생이 만드는 좋은 정책

김태형(인천장도초등학교)

학생자치회 온라인 클래스에 선생님이 글을 하나 올리셨다. 학생들이 교육청에 정책을 제안할 수 있다는 내용의 글이었다. 글을 보고 관심이 생겨 댓글을 달았고, 선생님께서는 더 궁금하면 과학실로 찾아오라고 하셨다. 가서 이야기를 들었는데, 내가 직접 정책을 제안해보는 것이 좋은 경험이 될 것 같았다.

학생, 교육정책에 참여하다

이 글에서는 인천광역시교육청에서 진행한 '청소년 정책 100인 토론회'에 참여하여 교육청 정책에 학생 의견을 반영했던 경험을 나누고자 한다. 많은 분들이 '청소년 정책 100인 토론회'에 대해 잘 모를 수 있으니 간단하게 설명을 하고 싶다.

'청소년 정책 100인 토론회'는 초등학교에서 고등학교까지 학교에 필요한 정책에 대해 제안하고 발표하는 토론회이다. 토론회에서 나온 제안은 전문가 심사와 학생들의 투표를 거쳐 다음 연도 실제 교육청의 정책과 예산으로 반영이 된다.

나는 이번 100인 토론회에서 '학생 희망을 반영하는 동아리 활동'을 하게 해달라고 건의했다. 내용을 간단하게 설명하면, 우리 학교는 칼림바와 연극을 학교에서 지정해서 동아리 활동으로 하고 있었다. 그런데 같은 반 친구들 중에 칼림바나 연극에 관심이 없는 친구들이 동아리 시간을 지루해 하는 모습을 자주 보았다.

그것을 보고 교육청에서 동아리 목록을 학교로 보내주면, '우리 학생들이 투표로 원하는 동아리를 직접 정해보는 것은 어떨까?'라는 생각을 해보게 되었다.

장도초등학교 학생자치회 선생님께 주제를 말씀드리고 청소년 정책 100인 토론회에 건의할 수 있게 친구들의 동의를 얻어 가면서 참여를 준비했다. 100인 토론회 때 인천의 여러 중학교, 고등학교 형, 누나들과 함께 발표도 하고, 누나들과 형들의 정책 건의도 들어가며 많은 공부가 된 것 같다.

몇 달이 지나고 나의 정책 제안이 교육청에 반영이 되어 '초등학생 희망을 반영한 학생 주도 동아리'라는 정책으로 내년 예산에 새롭게 3천만 원이 잡혔다는 이야기를 들었다. 나는 너무 기뻤다. 그동안 선생님과 함께 준비했던 시간과 친구들에게 설명을 하고 동의를 받던 소중한 기억이 떠올랐다. 그러면서 생각했다.

'내가 생각한 것을 입 밖으로 꺼내지 않으면 그건 그냥 생각으로 끝나는 거구나.'

그리고 청소년 정책 100인 토론회가 없었더라면, 그 정책을 낼 생각도 못 하고 그냥 학교에서 정해주는 동아리를 계속했을 셋이라는 생각이 들었다. 학생의 의견이 사라지지 않고, 교육청 정책이 반영되어 교육청을 바꾼 소중한 경험이었다.

우리 초등학교는 학생 수는 많지 않지만, 학생들끼리 단합이 잘되는 학교이다. 그렇게 생각한 이유 중 하나는 학생자치회 활동 때문이다. 각 학급 회장, 부회장들이 선출되면 학생자치회에 등록을 하게 되고, 리더십 캠프에 참여하며 여러 강의를 듣게 된다.

이것으로 끝나지 않고 학생자치회 담당 선생님이신 한학범 선생님과 함께 학년별로 일주일에 한 번씩 임원들이 모여 직접 이벤트를 기획하고 학교에 무엇을 건의하면 학생들에게 더 좋은 학교가 될지 이야기하였다. 올해 1학기 때는 전교생 그림 대회를 열었고, 학생들이 직접 스티커를 붙이면서 순위를 매길 수 있게 했다. 6학년 형, 누나들을 필두로 우리들이 직접 선물도 고르고, 행사를 진행해 보니 무언가 더 스스로 할 수 있는 것을 찾게 되었다.

그리고 우리 학교에는 방송부가 있는데, 조금 특이하게 운영된다. 처음 방송부 모집 공고를 봤을 때는 아침 방송과 졸업식 방학식 때만 활동하는 부서라고 생각하고 신청을 했는데, 학생들이 하나부터 열까지 스스로 계획하고 만드는 부서 활동을 하고 있었다. 선생님과 함께 방향을 정하면 방송부원들이 아침 방송 노래를 선곡하고, 대본을 직접 쓰며 매달 부원들이 주제를 정해 동영상을 찍어 학교 홈페이지에 올린다. 5월에는 코로나 예방 영상, 6월에는 자연재해에 관한 영상, 9월에는 책과 영화를 소개하기도 했다. 이 과정에서 함께 의견도 나누고, 편집도 하고, 자막도 넣으면서 비록 훌륭한 동영상은 아니지만, 우리 학교 학생들과 함께 보게 될 영상을 만드는 일이 즐거웠다.

이런 학생자치활동을 하는 것을 본 부모님께서는 부모님 초등학교 시절에는 이렇게 학생들이 주도적으로 활동하는 것이 없으셨다며 신기해하기도 하셨다.

우리 초등학생 참여의 모습처럼 다른 학교 학생들도 학교에서 주도적으로 활동을 하고, 학교와 교육청에 많은 의견을 내면서 소중한 경험을 해보았으면 한다.

인천광역시교육청, 청소년 정책 100인 토론회 개최

인천광역시교육청은 13일(금) '2021 청소년 정책 100인 토론회'를 개최했다. 올해 4회째를 맞은 100인 토론회는 도성훈 교육감의 공약과 학생들의 정책 제안으로 실시되며 시교육청 학생참여위원회가 행사의 전 과정을 온라인 중심으로 기획, 진행하는 등 교육정책 수립 과정을 주도했다.

사회는 이승준(인천상정고2), 이아선(인천고잔고2) 학생이 맡았으며 1부 '학생, 정책을 말하다'와 2부 '학생, 참여를 말하다'로 진행됐다.

1부에서는 상반기에 실시된 청소년 정책 예산학교, 청소년 정책 포럼, 청소년 정책 공모를 거쳐 접수된 63개의 안건 중 전문가 심사와 학생 선호도 투표를 거친 최종 7개의 안건이 정식 의제로 상정됐다. 학생들의 정책 제안과 함께 온라인 참여단의 정책 동의 투표와 실시간 참여가 이뤄졌다.

2부는 우현진(인천여고2) 학생의 사회로 박승아(명현중3), 유현호(만수북중3), 손유진(인천신현고2) 학생이 우리학교 학생 100인 토론회, 시민의 날 행사, 다양한 학교 밖 참여 사례를 발표하고, 심도 있는 토론도 진행됐다.

정책 제안 및 투표 결과 총 7개의 안건이 75~87%의 높은 동의를 얻었으며 학생들의 아이디어는 2022년 교육청의 정책으로 실현될 예정이다.

주요 정책으로는 ▶초등학생 희망을 반영한 동아리 개설 ▶자유학년제에서 체험하는 특성화고 전문분야 ▶실생활에 필요한 생활법 수업 ▶학생을 강사로 하는 학생자치교육 ▶온라인 대학 탐방 및 체험 ▶학생 복지 관련 공모사업 신청 시 학생 의견 수렴 ▶기후 위기 극복을 위한 교육 강화 등이다

토론회에 참석한 전서윤(임학중1) 학생은 "우리가 제안한 정책이 교육정책에 반영된다는게 매우 흥미롭고 신기하며 토론회를 계기로 한층 더 성장한 것 같아 기쁘다"고 말했다.

도성훈 교육감은 "우리 교육의 주인공인 학생들이 제안한 정책들을 적극적으로 검토하고 반영하여 학생의 교육정책 참여를 더욱 확대하는 학생주권시대를 열어가겠다"고 말했다.

- 인천뉴스(http://www.incheonnews.com)

학교 밖에서 만난 자치활동

유현호(만수북중학교)

학교 밖 참여의 시작

내가 중학교 1학년 때 바라본 학생회장의 모습은 그다지 이상적이지는 않았다. 많은 이들은 선거 기간 때는 잘하겠다고 다짐해놓고, 당선 후에는 공약을 이행하지도 않았고, 학생회 활동 하나 제대로 진행하지 못하는 모습을 보여왔다. '내가 해본다면 더 잘할 수 있을 텐데.'라는 생각을 종종 했다.

이후 전교 부회장이 되고 나서 현실을 마주했을 때 곧 깨달았다. 내가 내건 공약을 어떻게 이행해야 하는지, 학생회 행사를 어떻게 구상하고 진행해야 하는지 막막했다. 잘할 수 있는 게 아무것도 없었고, 어느 하나 쉬운 것이 없었다. 무엇보다 이전 학생회의 모습과 다를 것이 없다는 사실에 충격을 받았다.

그러던 중 다른 학교를 다니는 친구가 학교 밖 활동을 추천해 주었다. 처음부터 큰 뜻을 가지고 학교 밖 활동을 시작한 것은 아니었지만, 학교 학생회 활동에 도움을 얻을 수 있을까 싶어 지푸라기도 잡는 심정으로 문을 두드렸다.

교육청 학생참여위원회

친구의 권유로 시작하게 된 첫 번째 활동은 학생참여위원회 활동이다. 인천광역시교육청 학생참여위원회는 교육청 정책 수립 과정에 학생의 참여를 보장하기 위해서 만들어진 학생 참여기구이다. 다른 지역에는 학생 인권과 관련한 학생참여위원회가 있지만, 폭넓은 교육정책 참여라는 목적이 차별점이라고 할 수 있다.

학생참여위원회 학생들은 스스로 학생 관련 정책 과제를 제안하고 회의, 사업, 정책 행사에 대한 홍보를 하며 학생자치활동 활성화를 위해 노력한다. 학생참여위원회 위원이 되기 위해서는 자기소개서를 작성하여 교육청에 제출해야 한다. 하필이면 위원회 활동을 추천해 준 친구가 신청 마감 당일에 이 사실을 알려줬다. 당시 이 활동이 너무 하고 싶어서 아침 9시부터 제출 마감 시간인 오후 5시까지 밥 먹는 시간 빼고 소개서만 썼던 것 같다.

모든 단체가 그렇듯 학생참여위원회에서도 리더인 위원장과 부위원장을 뽑는 선거를 진행했다. 나도 그 선거에 출마했는데, 선거는 후보자 홍보물을 만들고, 후보자 토론회를 실시하였다. 총 다섯 명이 위원장 후보에 이름을 올렸는데, 그중 세명이 고등학생이었다. 이제 막 처음 활동을 시작했기에 당선이 쉽지 않겠다고 생각했지만, 당선 여부를 떠나서 출마하는 것만으로도 좋은 경험이 될 것이라 생각하여 최선을 다해 후보자 토론회를 준비했다.

"비록 저는 중학생이고, 아직 경험이 적어 무언가를 이끌어가는 능력이 부족할 수 있습니다. 하지만 이 단점을 오히려 장점으로 생각하고 싶습니다. 이 위원회에서는 경험이 많은 사람, 그렇지 않은 사람이 있습니다. 위원분들의 중간 다리가 되겠습니다. 초등학생과 고등학생 사이를 연결하는 역할을 하겠습니다."

이 발언을 할 때 정확히 뭐라고 말했는지는 기억이 나지 않는다. 이때 너무 긴장을 했었고 사전에 준비했던 발언도 아니었다. 하지만 내용만큼은 진심이었던 것 같다. 모든 단체와 위원회에서는 커뮤니케이션, 즉 의사소통이 가장 중요하다고 생각한다. 초등학생이라고 고등학생 눈치를 보거나, 경험이 적다고 경험이 많은 사람 눈치를 보는 것은 공동체 활동에 좋지 않은 모습이다. 그리고 감사하게 부위원장 직을 수행할 수 있었다.

우리가 함께 계획하고 실행한 활동은 다음과 같다.

월	운영 사업
2월	학생자치회 선거 영상 제작
3월	청소년 정책 예산 학교 개최
4월	청소년 정책 포럼 주관
8월	청소년 정책 100인 토론회 운영
9월	1기 활동 마무리

　여러 정책 활동 중 학생자치 선거 영상 제작과 청소년 정책 예산학교가 가장 기억에 남는다. 학생자치 선거 영상 제작은 학생참여위원회에서 처음으로 참여했던 프로젝트이고, 단순히 촬영만 한 것이 아니라 시나리오와 촬영 기획안 작성 과정까지 직접 참여하였다. 때론 밤을 새워가며 함께 시나리오를 작성하고, 서로 이야기를 나누기도 하였다. 이 영상에는 학생들이 바라는 학급과 리더의 모습, 좋은 공약을 판단하는 기준, 코로나 시대에 맞는 온라인 선거 및 후보자 토론회가 원활하게 운영되기 위한 조언 등 학생자치회 선거에 관해 구체적인 정보들이 담겨있다. 학생자치에 관심 있는 학생들을 위해 제작된 영상이기에 강력 추천하는 영상이다.

청소년 정책 예산학교는 말 그대로 청소년들이 인천광역시교육청의 정책과 예산에 대해 배우고, 이를 바탕으로 정책 제안서를 작성해 보는 행사이다. 이 행사 역시 학생참여위원회 위원들과 함께 구상하고, 사전 회의를 진행했다. 행사 당일에는 스태프로 참여하여 참가자들을 안내하는 활동도 했다.

이런 행사에서 참가자들은 의견을 개진하고 행사에 참여하는 역할을 한다. 그래서 참가자로서의 경험만 있는 사람은 스태프로서 행사를 바라보는 관점과 행사가 어떻게 구성되는지, 어떻게 진행되는지에 대해 잘 모를 수밖에 없다. 나 또한 그러했다. 그동안 참가자로 함께했을 때는 잘 준비된 행사를 보면서 그것이 당연한 것이라고 생각했고, 행사가 지연되거나 순조롭게 진행되지 못할 때 기획자나 진행자들이 어리숙하다고 비판적인 생각을 해왔었다.

하지만 스태프로서 행사에 참여하였을 때는 사뭇 느낌이 달랐다. 작은 것부터 하나하나 준비해 나가고, 행사장에서 우리가 직접 계획한 일이 실현된 것을 바라볼 때, 그 기분을 말로 설명하기 어려울 정도로 뿌듯함 내지 울컥함으로 다가왔다. 그리고 행사를 마친

뒤 잘 해냈다는 그 안도감은 이루 말할 수 없었다.

1기 학생참여위원회는 내가 처음으로 시작했던 외부 활동인 만큼 가장 기억에 남고 중요한 시간이었던 것 같다. 행사를 준비하는 과정, 방법에 대해 배웠고 무엇보다도 내가 준비한 첫 행사를 끝냈을 때의 그 쾌감, 행복함? 그 기분을 정말 잊을 수 없다. 내가 처음 시작했던 활동이 학생참여위원회여서 정말 다행이라는 생각이 든다. 학생참여위원회에서 배운 경험들은 앞으로 있을 내 외부 활동의 든든한 기반이 되었다.

UN청소년환경총회

UN청소년환경총회는 환경 보전의 필요성에 대한 공감대를 형성하고, 청소년의 시각으로 글로벌 지구환경 위기 해결 방안을 모색하는 프로그램이다. UN청소년환경총회는 2014년부터 매년 이어져 왔으며, 나는 '생활 쓰레기와 제로 웨이스트'라는 주제로 총회에 참여하였다. UN 환경총회의 진행 절차는 다음과 같다.

1. 사전 미션 프로그램
 - 배정 국가에 대한 이해하기(배정된 국가 국기 그리기)
 - 기조 연설문 작성 및 세부 주제 이해하기(이때 세부 주제는 생활 쓰레기에 관련된 주제이다.)
 - 결의안 작성 및 액션플랜 구체화

2. 대표단 워크숍
- 아이스브레이킹(다른 나라 대사분들과 친해지는 시간을 가진다.)
- 모의유엔에 대한 교육(발언 및 수정에 대한 예절에 대해서 배운다.)
- 주제에 대한 특강(생활 쓰레기와 제로웨이스트에 대한 설명을 받는다.)

3. 본 총회(1일차)
- 개회식(개회선언, 축사 등)
- 기조연설문 발표(사전 미션 프로그램 때 작성했던 기조연설문을 다른 대사분들 앞에서 발표한다.)
- 결의안 작성 및 토론(사전 미션 프로그램에서 고민했던 부분을 다른 대사분들과 함께 토의한다.)

4. 본 총회(2일차)
- 결의안 최종 회의 및 결의문 작성(1일차에 작성했던 부분을 수정하고 최종 마무리하는 단계이다.)
- 각 위원회 별 결의안과 액션플랜 발표(각 위원회 별로 토의를 나누었던 내용을 발표한다.)
- 폐회식(폐회선언, 공식 부대행사 등)

  UN청소년환경총회에서 참가자들은 각자 세계 각국의 외교관 역할을 맡아 활동하는데, 나는 여기서 헝가리 대사로서 약 한 달간 활동하였다. 처음에 헝가리 대사로 지정받았을 때 조금 당황했다. 랜덤으로 나라가 지정될 줄은 몰랐고 헝가리라는 나라가 낯설었기 때문에 헝가리에서 어떤 정책을 추진하는지, 현재 환경오염 정도가 얼마나 심한지 등 배경지식이 전혀 없는 상태였다. 그렇다 보니 그들의 입장에서 환경문제를 바라보는 것은 더욱 어렵게 느껴졌다.

이러한 어려움은 사전 미션 프로그램을 진행할 때 고스란히 드러났다.

UN청소년환경총회의 활동 중 1분 분량의 기조연설문을 작성하고 액션플랜을 작성하는 시간이 있었다. 헝가리의 대사 입장에서 기조 연설문과 액션플랜을 작성해야 했는데 관련 정보가 부족하여 초반엔 작성하기 쉽지 않았다. 심지어 어떻게 써야 하고, 어떤 내용이 들어가야 하는지에 대해 예시를 제시해 주었음에도 불구하고, 단 한 줄도 쓰지 못했다. 그래서 열심히 관련 정보를 찾아보고, 작성하고, 수정하는 과정을 반복했다. 1주일에 걸쳐 계속 작성했을 정도로 많은 시간을 보냈다. 또한 대표단 워크숍 역시 쉽지만은 않았다. 모의 유엔과 제로 웨이스트, 모두 들어는 봤지만 자세히는 알지 못했던 내용이었다. 특히 모의 유엔 내에서의 예절과 그 방식은 더욱 머리를 아프게 했다. 하지만 사전 미션 프로그램 활동과 대표단 워크숍은 본 총회에서 빛을 보였다.

본 총회에서는 '생활 쓰레기 문제를 해결하기 위한 국제사회의 노력'이라는 주제로 토의를 진행한 후 토의 결과를 토대로 하나의 결의안을 작성하는 활동을 진행했다.

처음엔 의견을 개진하거나 안건을 수정하는 과정들이 익숙하지 않아 어색했지만 진행될수록 열띤 토의가 이어졌고, 정말 어렵게 느껴지던 결의안 작성이 점차 완성되어가는 모습을 보고 왠지 모를 뿌듯함이 느껴졌다. 또한 다른 대사님들과 의견이 다를 때 서로의 의견을 주장하면서 상대를 설득했다. 그러면서 합의점을 찾아가는 방법을 배웠다.

결의안을 작성하는 활동을 할 때 제로 웨이스트와 채식에 관련된 부분이 가장 인상 깊었다. UN청소년환경총회에서 이 내용을 다루기 전에는 제로웨이스트와 채식에 대해 잘 알지 못했고 관심이 없었다. 다른 대사님들의 의견을 듣고 나서 채식의 날이나 라벨지 없는 페트병이 왜 그렇게 중요한지 알게 되었다. 많은 깨달음을 주었던 시간이었다.

아직 끝나지 않았다

대부분의 외부 학생자치활동은 고등학생이 되면 활동의 양을 줄이곤 한다. 또한 고등학교에 가고, 공부의 양이 늘어나기 시작하면 시간이 없다고 생각하여 활동을 멈추고 공부만 하는 경우가 많다. 하지만 내 생각은 다르다. '활동을 하면서 공부를 하는 것'과 '공부만 하는 것'은 전혀 다른 것이다. 물론 학교 밖 참여를 하다 보면 공부에 필요한 시간을 많이 빼앗기는 것은 사실이다. 하지만 만약 공부만 하고 다른 외부 활동을 전혀 하지 않는다면 그냥 공부만 하는 학생, 그 이상 이하도 아니며, 자신을 공부만 하는 사람으로 제한해버리는 것이다.

인간은 우리 생각보다 더 대단하고 위대하다. 노력하고 하고자 하는 마음이 있다면 자신의 역량을 그만큼 키울 수 있다. '고등학교에 올라가서', '시간이 없어서', '공부를 해야 해서'와 같이 자신에게 핑계를 만들지 않으려고 한다. 모든 일은 자신이 하기 나름이고, 자신이 노력하고 최선을 다한 만큼 역량을 키우고 성장할 수 있기 때문이다.

학교 밖 참여를 통해서 많은 성장과 배움을 얻었다. 그전에는 프로젝트를 구상하고 진행하거나, 의견을 적극적으로 내는 것은 물론이고 심지어 PPT도 제대로 만들지 못했다. 하지만 이제는 자연스레 실력이 조금씩 늘었고, 어느새 익숙해져 잘 대처할 수 있게 되었다. 이런 청소년 활동의 경험들이 정말 큰 영향을 미쳤다고 생각한다. 단 한 번뿐인 청소년 시기에 공부만 하는 것이 아니라 다양하고 많은 사람들을 만나서 이야기를 나누고, 적성도 찾고, 경험을 통해 삶의 힘을 키워가고 싶다.

사회 참여의 시작, 나부터 행동하기

이아선(인천고잔고등학교)

사회 참여란, 우리 사회의 문제에 관심을 가지고, 우리 사회에서 소외된 사람들의 목소리에 귀를 기울이며, 더 나은 사회를 위해 작은 행동일지라도 내가 할 수 있는 것을 실천하는 일이라고 생각한다. 그리고 이런 나만의 정의를 세우게 된 계기로 수많은 소중한 경험들이 있다.

지금부터 사회 참여를 시작하고 이어가게 된 이유와 경험들, 그 과정에서 든 생각들을 풀어보려 한다.

우리 사회의 문제에 관심을 가지다

우리 사회에서 일어나는 수많은 문제들과 이로 인해 고통받는 사람들의 이야기에 관심을 가지고 끊임없이 마음을 쏟게 된 이유 몇 가지를 이야기해 보려고 한다.

초등학교 때 '유네스코 키즈 캠프'라는 우연한 기회를 통해 처음으로 기후 위기를 주제로 하는 모의 유엔에 참여했다. 다양한 국제 기구에 대해 알아보며 저마다의 분야에서 도움이 필요한 사람들을 돕는 단체나 사람들의 이야기를 보고 듣게 되었다. 이 과정에서 운이 좋게도 해외에 있는 국제기구들을 방문하는 경험까지 할 수 있었다.

이를 통해 내가 관심을 기울이는 대상이 가족, 친구들과 같은 주변 사람들에서 세상의 모든 사람들로 넓어지게 되었고, 나와 내가 아는 사람들의 행복만을 빌던 나는 이 세상 모두의 평화와 안위를 빌 줄 알게 되었다. 그리고 나에겐, 세상에서 소외된 사람들에게 어떤 방식으로든 도움을 주는 사람이 되고 싶다는 꿈이 생겼다. 어릴 적 생긴 이 꿈은 지금까지도 내 마음 한 쪽에 자리하고 있다.

한동안 내 삶의 이유, 목적 같은 것에 대해 고민했던 적이 있다. 풀리지 않는 고민이 생기면 아무리 덮어두어도 시도 때도 없이 다시 생각에 빠지게 되는 나의 특성 탓에, 그 질문에 대한 나름의 답을 찾기까지 꽤나 힘들었었다. 아직도 명확한 답을 찾지는 못했고 앞으로도 그럴 테지만, 그래도 한 가지 찾은 결론이 있었다.

바로 내 삶의 목적이 '조금 더 나은 세상을 만들기 위해서'라는 것이다. 언젠가 엄마와 대화를 나누다가, 엄마는 "조금 더 나은 세상을 만드는 데 내가 기여할 수 있다면 그 자체로 멋진 삶이다."라는 말씀을 하셨다. 나의 존재가 세상에 아주 작더라도 긍정적인 변화를 이끌어낼 수 있다면 그것으로 충분하다는 엄마의 말은 지금까지도 내가 무언가를 하게 하는 큰 원동력이 되었고, 앞으로 이야기할 나의 다양한 사회 참여 경험의 시작이 되어주었다.

노란색 마음 한가득, 세월호 캠페인

중학교 3학년 때 동아리를 하나 만들었다. 지구촌에서 발생하는 다양한 문제에 대해 관심을 가지고 해결하기 위해 노력하는 '세계시민'이 되기를 지향하는 세계시민 동아리였다. 사실 세계시민의 뜻만큼 거창한 동아리는 아니었다. 사회 문제에 관심이 있고 마음이 맞는 친구들과 함께 사회 이슈에 대해 알아보는 시간도 가지고, 여러 주제에 대해 강연 영상을 함께 시청하기도 했다.

4월이 되고, 우리는 초등학교 4학년일 때 겪었던 잊지 못할 참사에 대해 자연스레 이야기하게 되었다. 우리 모두가 그때를 아주 생생히 기억하고 있었다. 저녁 식사를 하다가 뉴스에서 흘러나왔던 사고 현장 중계 보도, 모두 구조되었다는 리포터의 말 한마디에 그저 안도하고 말았던 기억. 그리고 이어졌던 말도 안 되는 일들의 연속, 무엇보다 수많은 학생들의 죽음. 우리는 이 참사에 대해 다시 슬퍼했고, 기억하는 몇몇 사람들만 기억하면 될 문제가 아니라는 생각에 이르렀다. 그래서 우리는 추모 캠페인을 기획하기로 했다.

그런데 막상 캠페인을 기획하려 하니, 우리가 생각보다 이 일에 대해 정확히 알고 있지 못한 것 같다는 생각이 들었다. 그래서 먼저 참사의 발생 경위부터 참사가 우리 사회에게 시사하는 바까지 파트를 나눠 조사를 했고, 이에 대해 함께 이야기하는 시간을 가졌다. 이후 선생님들께 허락을 구한 뒤, 교실 문고리마다 노란 리본을 묶어놓고, 아침 조회 때 각 반을 돌며 홍보물을 붙이고 세월호 참사를 잊지 말아 달라고 이야기하는 시간을 가졌다. 또, 복도 한가운데 가장 잘 보이는 게시판에 커다란 종이배가 그려진 흰 전지를 붙여놓고, 그 앞에 노란 포스트잇과 펜을 준비해 친구들이 오가며 추모의 메시지를 적어 종이배 테두리 안에 붙일 수 있게 했다.

사실 학생들이 이런 교내 캠페인에 큰 관심을 보이는 경우는 드물다고 생각했기에 캠페인의 참여도에 대한 큰 기대는 없었다. 그런데, 전지를 붙인 지 하루도 되지 않아 종이배는 노란색으로 가득찼다. 친구들의 수많은 추모 포스트잇은 종이배 테두리를 벗어나 전지 구석구석까지 붙어있었다. 아름다운 노란색 마음들이 벽 한 면을 가득 메웠고, 나는 이 광경을 보며 전율을 느꼈다.

작은 아이디어와 몇 가지의 행동들로 인해, 타인의 아픔을 돌아보는 사람들이 생겼고, 타인에 슬픔에 공감하고 위로하는 마음들을 한곳에 모을 수 있었음을 몸소 경험하고 나니, 이렇게 행동을 하는 것이 얼마나 큰 영향력을 발휘할 수 있는지 그 중요성을 크게 깨달았다.

세월오 캠페인 홍보물   추모의 메시지가 담긴 노란 쪽지

고등학교에 입학한 후 새로 만난 친구들과 함께 다른 세계시민 동아리를 만들었고, 함께 또 한 번의 세월호 추모 캠페인을 진행했다. 그때의 경험을 바탕으로 아쉬웠던 점을 보완하고 좋았던 활동을 더 발전시켜 캠페인을 기획했다. 전 학년 학생들이 모두 참여할 수 있도록 특별실을 통째로 빌려 하나의 전시회처럼 '기억공간'을 구성했다. 세월호 참사에 대해 동아리 친구들이 조사한 정보들을 몇 개의 포스터로 만들어 전시했고, 태블릿으로 관련 뉴스 영상도 틀어놓았다. 추모곡인 '천 개의 바람이 되어'를 배경음악으로 틀고, 큰 도화지로 접은 노란 종이배를 촛불과 함께 장식했다. 중학교 때 했던 것처럼, 노란색 포스트잇을 준비해 '추모의 나무'에 메시지를 적어 붙여놓을 수 있게 했고, 위안부 평화의 소녀상처럼 노란 리본

앞에 놓인 의자에 앉아 인증샷을 찍어 유대의 마음을 표현하는 포토존 이벤트도 진행했다.

중학생 때와는 또 다른 것들을 느끼고 배울 수 있었다. 가장 감동적이었던 것은 친구들, 선생님들의 관심과 적극적인 도움이었다. 캠페인 물품을 만들고 있으면 주변 친구들이 다가와서 함께 도와주었고, 전교생의 반 이상이 캠페인 장소에 방문해 주었다. 담임선생님과 동아리 담당 선생님을 비롯한 주변 선생님들은 이 캠페인에 긍정적인 관심을 보여주시며 칭찬과 응원을 아낌없이 해주셨다. 특히 평소 사회 문제에 관심이 많으신 담임선생님께서는 안산시에 있는 '단원고 4.16기억교실'에 대해 알려주셨는데, 덕분에 캠페인 구성에 대한 핵심 아이디어를 얻기도 했다.

함께 준비했던 동아리 친구는 '이번 활동이 오래도록 기억에 남을 것 같다'고 하며 '평소에 캠페인을 해 봤자 달라지는 게 없다고 생각했는데, 이번에는 큰 변화를 만들 수 있다는 것을 실감했다'고 말해주었다. 나 또한 생각이 같았다. 행동의 선한 영향력에 공감의 힘을 더하면 얼마나 멋진 일이 일어나는지를 알게 해준 경험이었다.

세월호 캠페인 장소 '기억공간'   추모의 나무

작은 영향일지라도: 동아시아시민교육 전문가 양성 프로그램

고등학교 1학년에서 2학년으로 넘어가는 겨울방학 때, 인천광역시교육청에서 운영하는 '동아시아시민교육[1] 고등학생 전문가 양성 프로그램'에 참여하게 되었다.

이 프로그램은 세계시민으로서 주목해야 할 이슈들에 대해 충분히 이해하며, 이에 대해 중학생들을 대상으로 수업을 할 수 있는 고등학생 강사들을 길러내는 것을 목표로 하는 프로그램이다. 나는 보다 성숙한 시민의식을 가진 사람으로 성장하고 싶다는 소망을 항상 가지고 있었기에 이 프로그램에 참가하기를 망설이지 않았다.

코로나 19로 비대면으로 진행된 이 교육에서는 3일 동안 '공정

---

1) 동아시아 지역의 다양하고 복합적인 현상을 이해하고, 세계시민으로서 동아시아에서 발생하는 문제를 합리적으로 해결하는 능력을 기르며, 동아시아의 공존과 번영에 이바지하는 시민으로 성장하도록 돕는 교육

여행', '이주노동자', '동아시아 평화도시, 인천'을 주제로 강사 선생님들께 수업을 받는 시간을 가졌다. 나머지 5일은 화상회의 프로그램의 사용법 등 기술적인 것들을 배우는 시간과 더불어, 조별로 친구들과 함께 중학생들을 대상으로 하는 수업 지도안을 구성했고, 직접 수업 시연까지 해 보았다.

　이후 또 한 번의 심화 과정 프로그램을 거친 뒤, 나는 진짜 '선생님'이 되었다. 다른 한 명의 친구와 공동 강의안을 만들었는데, '기후 위기'를 대주제로 하고 '제로웨이스트2)'를 소주제로 하는 환경 관련 수업을 기획했다. 친구와 나는 수업을 듣는 학생들의 동기 부여를 위해 주제와 관련된 기사나 영상 자료들을 수없이 많이 찾아보기도 했고, 흥미로운 활동 중심 수업을 만들기 위해 카페에서 쓰고 버리는 종이 컵홀더를 대신하여 사용할 수 있는 '부직포 컵홀더 만들기' 활동을 준비하는 등 수업 지도안을 정말 열심히 만들었다.

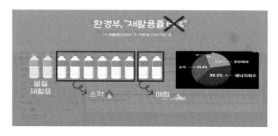

실제 수업 때 사용한 PPT 중 일부

---

2) 일회용품의 사용을 줄이고 일상에서 사용되는 자원과 제품을 재활용할 수 있도록 환경을 위해 쓰레기를 최소화하는 사회운동

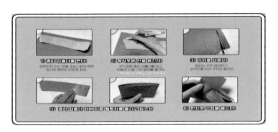
제작한 '부직포 컵홀더 만들기' 가이드라인

    강의안을 짜는 과정에서 친구와 밤늦게까지 화상회의를 하면서, 우리가 좋은 수업을 만들기 위해 이렇게 열심히 노력하게 되는 이유에 대해 이야기를 나눴다. 그리고 우리 둘은 입을 모아 "다른 아이들에게도 우리가 느꼈던 것을 그대로 느끼게 해구고 싶다."라고 말했다. 우리가 강사 선생님들께 수업을 받으면서 알게 되었던 사회 문제 관련 지식들과 느끼게 되었던 경각심, 문제들의 심각성을, 그대로 다른 학생들에게 전달해 주고픈 마음이 가장 컸던 것이다.

    두 팀의 중학생 친구들을 대상으로 수업을 마치고 친구들이 써 준 수업 소감을 보며, 너무나도 큰 뿌듯함을 느꼈다. 한 친구는 '환경 문제가 생각보다 심각하다는 것을 느꼈다'며 '우리가 지금부터 절약하고 재활용하고 낭비를 줄여야 하지 않을까' 하는 생각을 했다고 소감을 남겨주었다. 또 다른 친구는 수업이 끝난 지 꽤 되었는데도 '용기내 캠페인3)'에 참여한 인증샷을 올리며 환경 사랑을 꾸준히 실천하는 모습을 보여주었다.

---

3) 플라스틱 용기, 일회용 비닐봉지 등의 쓰레기 발생량을 줄이기 위해 직접 개인 용기를 사용해 음식을 담는 운동. 중학생 대상 수업 중에 제로웨이스트 사례로 다루었던 캠페인

지금까지 여러 세계시민교육에 참여해오면서 배우고 느낀 것들을, 그리고 이로 인해 생긴 작지만 긍정적인 변화를 나로 인해 다른 사람들도 경험할 수 있었으면 좋겠다고 생각했었는데, 수업을 들었던 친구들의 반응을 보니 목표를 달성한 것 같아 정말 기뻤다.

'한 사람에게라도 변화를 가져오는 수업은 성공적인 수업'이라던 프로그램 강사 선생님의 말씀이 크게 와닿는 시간이었다.

한 학생의 용기내
캠페인 인증샷

사회 참여, 왜 내가?

모두 각자의 삶을 살아가고, 각자의 어려움, 각자의 슬픔이 있을 것이다. 우리는 자신의 어려움, 슬픔과 싸우느라 남의 어려움이나 슬픔에는 매정하고 무관심하곤 한다. 하지만 서로가 서로의 그 어려움과 슬픔에 조금이라도 관심을 기울여준다면, 그리고 함께 이겨내고자 조금씩 힘을 보태준다면, 느리더라도 결국엔 세상이 변하지 않을까? 그리고 변한 세상 속에서, 또는 변화를 위해 함께 나아가는 과정 속에서, 나의 어려움과 슬픔도 반드시 덜어지지 않을까? 이것이 내가 생각하는 사회 참여의 필요성이자 동기이다.

그렇다면 왜 '내가' 해야 할까? 기부할 돈이 넘쳐나는 사람들도 있고, 이미 열심히 각종 시민단체에서 활동하고 있는 사람들도 있는데, 나의 삶을 살아내기도 지치는 내가 왜 굳이 사회 참여에 동참해야 하는 것일까. 사실 어떻게 보면 이 투정 섞인 의문에 대해 모두를 설득시킬 만한 대답을 내놓기는 어렵다. 특히 별 경험도 없는, 고작 고등학생이 할 수 있는 말은 더더욱 없다.

하기만 나는 오히려 유달리 대단하지 않은 사람으로서 내가 느낀 것들을 전하고 싶다. 사회 참여를 통해 '나의 삶이 가득 차오르는 것'을 느꼈다. 다른 사람의 아픔에 민감하게 공감하려 노력하다 보니 공감할 줄 아는 사람이 되었고, 스스로의 마음도 잘 돌볼 줄 알게 되었다. 다른 사람에게 위로를 주고자 했더니, 내가 더 많이 위로받았다. 세상을 변화시키고자 애썼더니, 내가 변화한 것이다. 사회 참여를 통해 더 따뜻한 시선으로 나와 내 세상을 바라볼 수 있게 되었고, 이 온기는 지금까지 힘든 상황 속에서 버틸 수 있는 힘이 되어 주었다.

세상을 변화시키려면 변하고자 하는 개인이 있어야 한다. 이것이 '내가' 사회 참여에 동참해야 할 또 다른 이유이다. 사회는 개인이 모여 만들어지기에, 변화하려 노력하는 한 명 한 명이 있어야만, 그 변하지 않을 것 같던 세상이 서서히 변할 수 있는 것이라고 생각한다.

"나 말고도 할 사람은 많지만 그럼에도 나부터 하는 것"

개인적으로 이것이 사회 참여의 시작이라고 생각한다. 캠페인을 기획하지 않아도 좋고, 특정 프로그램에 참여하지 않아도 좋다. 그저 타인에게, 세상에 따뜻한 관심을 가지고, 그 관심을 행동으로 표현하기만 하면 된다.

은하수에서 빛나는 학생자치

이현우(동인천고등학교, 은하수 학교)

#1 자치하는 청소년

나는 자치가 참 좋다. 스스로 움직이면서 삶을 살아가는 법을 배울 수 있기 때문이다. 새로운 일을 기획하고, 함께 뛰어다니고, 때론 실패도 경험하는, 그 모든 순간이 즐겁다. 자치활동을 할 때면 살아있음이 느껴진다. 나는 자치를 좋아하는 청소년이다. 자치활동을 할 때면 늘 물음이 생겼다. '좋은 자치란 무엇일까', '우리는 왜 함께 하는가?', '어떻게 하면 더 효과적으로 자치할 수 있을까?' 계속 질문이 쏟아져 나왔고 깊이 고민했다.

글의 내용은 크게 네 부분으로 구성되었다.

- 안전한 자치: 안전한 자치 배움터의 필요성
- 인천청소년자치학교 은하수: 은하수 학교의 개념과 이야기
- 자치인(自治人): 개인적인 측면에서 바라본 자치, 자치를 통한 개인의 성장
- 혼자서는 별, 함께하면 은하수: 공동체적인 측면에서 바라본 자치, '같이'의 가치

이 이야기는 은하수 학교를 배경으로 전개된다. 이번 글에서는 학생자치보다 자치라는 단어를 많이 사용했다. 은하수 학교의 구성원은 학교의 학생뿐 아니라 학교 밖 청소년도 포함하는 자치 배움터이기 때문이다. 은하수 학교의 정식 명칭이 '인천청소년자치학교 은하수'인 이유도 이 때문이다. 은하수 학교는 다양한 청소년들로 구성된 학교 밖 학교이기에 학교의 학생자치와 비슷한 점도, 다른 점도 있다. 이 점을 참고하여 읽으면 좋을 것이다. 지금부터 자치를 좋아하는 한 청소년의 이야기를 시작한다.

#2 자치, 안전한가요?

아이와 어른 사이

여러분은 어른이 되고 싶은가? 아이들은 대개 빨리 어른이 되기를 바란다. 아이의 틀에서 벗어나 어른의 자유를 누리고 싶어 하는 것이다. 나도 마찬가지였다. 어른만 되면 무엇이든 할 수 있다고

생각했다. 물론 큰 착각이었다. 곧 어른이 되는 19살이지만, 아직 모르는 것도 많고 할 수 없는 것도 많다. 나이를 먹는다고 다 어른이 되는 것이 아니었다.

어른이 되려면 연습이 필요하다. 세상 속에서 스스로 살아가는 연습. 스스로의 삶의 주인으로서 판단하고 움직이는 경험이 쌓여야 비로소 어른이 될 수 있다. 이 연습이 바로 '자치'다. 삶의 주인이 되어 스스로를 다스리는 경험, 나아가 다른 사람들과 함께 공동체를 다스리는 경험. 이러한 자치 경험이 어린아이를 성숙한 어른으로 만든다.

자치활동을 하다 보면 별의별 경험을 다 한다. 회의를 하다가 서로 생각이 달라 말다툼이 일어나기도 하고, 사소한 계기로 다시 화해하기도 한다. 처음 계획한 것과 다른 현실을 보며 실망할 때도 있고, 정신을 차려보니 생전 처음 보는 일을 하고 있는 자신을 발견할 때도 있다. 겨울에는 추위에 덜덜 떨고, 여름에는 땀을 뻘뻘 흘리며 움직이다 보면 어느새 친구들과 끈끈한 전우애가 쌓인다. 끝까지 함께 만들어낸 결과물을 보면서 뿌듯함을 느낀다. 그렇게 한 뼘 더 성장한다. 이 모든 과정이 성장의 밑거름이 된다.

특히 청소년기에 접하는 자치는 특별하다. 아이와 어른, 그 사이에 서 있는 청소년은 무엇이든 스펀지처럼 빨아들이며 배운다. 주변 환경에 따라서 가치를 배우기도, 상처받기도 한다. 그래서 이 시기에 어떻게 자치를 경험하는지가 매우 중요하다. 청소년들은 위험 없이 안전하게 자치해야 한다. 여러분에게 묻고 싶다. 여러분이 경험한 자치는 안전했는가?

자치활동을 하다 보면 소수에 의해 비민주적인 방식으로 진행되기도 하고, 표현이 서툴러 서로에게 상처를 줄 때도 있다. 소통이 부족해서 서로 오해할 때도 있고, 공동체에서 소외되거나 떠나기도 한다. 누군가는 자치하고 싶은 마음은 굴뚝같지만 마땅한 환경 주어지지 않아 못하는 경우도 있다. 청소년들에게는 상처받지 않고 안전하게 자치할 수 있는 환경이 필요하다. 안전한 자치를 경험하여 어른으로 성장할 수 있도록 말이다.

안전한 자치 배움터

'놀이터'. 듣기만 해도 설레는 단어다. 누구나 놀이터에 얽힌 추억 하나쯤은 있을 것이다. 어릴 적 학교가 끝나면 놀이터에서 뛰놀았다. 걱정 없이 마음껏 뛰놀 수 있는 놀이터가 좋았다. 놀이터에는 별의별 게 다 있었다. 알록달록한 미끄럼틀부터, 스릴 넘치는 그네. 모험심을 자극하는 정글짐까지. 갖고 놀 수 있는 모든 게 다 갖추어져 있다. 바닥에 모래가 깔려있어서 넘어져도 다치지 않는다. 뛰놀기에 딱 안성맞춤인 환경이다. 놀이터라는 안전한 환경이 준비되어 있었기에 마음 놓고 즐겁게 놀 수 있었던 것이다.

아이들에게 놀이터가 있었듯이, 청소년들에게도 '터'가 필요하다. 안전한 자치의 '터'가 마련되었을 때, 청소년들은 즐겁게 자치할 수 있다. 아이들이 놀이터의 주인공이 되었듯이, 청소년들은 그곳의 주인공이 될 것이다. 여러분의 자치하는 곳은 놀이터인가?

놀이터와 같이 안전하게 자치할 수 있는 '터'가 있으면 좋겠다.

하고 싶은 것을 할 수 있는 곳, 넘어져도 괜찮은 곳. 그런 곳이 있다면 마음껏 자치할 수 있을 것 같다. 우리는 '은하수 학교'라는 안전한 자치 배움터를 만났다. 어릴 적 신나게 뛰어놀았던 놀이터처럼, 하고 싶은 것들을 마음껏 펼칠 수 있었다.

#3 인천청소년자치학교 '은하수'

은하수 학교

학교명	은하수 학교 청소년 한 명 한 명이 모두 저마다의 빛을 가진 별이고, 그 별들은 협력과 연대로 모두 함께 생명한다는 의미이다	
학교 마크		수면 위로 올라와 물을 뿜는 고래는 새로운 상상을 하는 청소년을 표현하고, 둥글게 배열된 별은 연대를 상징한다
핵심가치	비전, 사랑, 연대, 주체성	
비전	우리가 '가치' 빛나며 성장하는 은하수 학교	
슬로건	새로운 상상, 따뜻한 연대, 모두의 성장이 이루어지는 은하수 학교 (상상! 도전! 연대!)	

〈은하수 학교 소개〉

인천청소년자치학교 '은하수'는(이하 은하수 학교) 청소년이 교육주체로서 역할과 원리를 학습하고 실천하는 자치 배움터다. 즉, 청소년이 배움의 자발성을 느낄 수 있는 곳이라고 할 수 있다.

은하수 학교는 '(가칭)청소년자치학교 추진단'에서부터 시작한다.

청소년 90명이 모여 3개월 동안 학교 이름, 비전, 핵심 가치 등을 만들었다. 2020년 8월, 인천학생교육문화회관에서 은하수 학교가 출범하였다. 청소년들이 하는 활동은 '은하수 자치 프로젝트'이다. 은하수 자치 프로젝트는 '은하수 프로젝트' 활동과 '청소년 자치회' 활동으로 나뉜다.

- 은하수 프로젝트

'은하수 프로젝트'는 청소년이 프로젝트의 기획-실행-평가를 주도하고, 길잡이 교사와 마을 기관이 협력하는 프로젝트 활동이다.

(주제 중심)선택 프로젝트는 인문, 사회, 과학, 음악, 환경 등 다양한 분야에서 하고 싶은 활동을 할 수 있다. 프로젝트는 미리 정해져 있는 것이 아니라, 청소년과 길잡이 교사가 함께 하는 '프로젝트 기획 워크숍' 과정을 통해 하나씩 만들어간다. 개인의 목표를 나누고 함께 공동의 목표와 활동 계획을 세우는 시간을 통해 모두가 공동체의 주인이 될 수 있다.

추가로 '공공 프로젝트'가 있는데 선택 프로젝트와 달리 은하수 전체 구성원을 대상으로 기획·추진된다. '인현동1999'와 '메타버스 은하수' 등이 있다.

2020년에는 '은하수 별걸 다 한다'를 대주제로 하여 프로젝트 17개(선택 프로젝트 16개+공공 프로젝트 1개)를, 2021년에는 '은하수의 별난 이들 별별 이야기를 들려줘'를 대주제로 프로젝트 19개(선택 프로젝트 18개+공공 프로젝트 1개)를 진행했다.

은하수, 별 걸 다 한다		
(주제중심) 선택 프로젝트	별걸다해방	집콕요리
		청소년 창업 공간-무한상상
	별별상상	뜯고 튕기고 맘껏 즐기는 가야금
		MAKE-UP!
		어쩌다 고등학생
		미제
		프리드로우
		은하수 디자인 특공대
	별 볼 일 있는 배움	모든 별이 다니는 학교
		야, 너도 재판할 수 있어
	별스타그램	별별코더
		Countdown
	별 아래 온새미로	이제는 바이오 의약품 시대
		지구가 아프다?
	별이 빛나는 밤	스페이스
	별 하나의 추억	易史(역사)
공공 프로젝트	인현동1999	

〈2020 은하수 프로젝트〉

은하수의 별난이들, 별별 이야기를 들려줘	
(주제중심) 선택 프로젝트	페리윙클
	우리 세상 바루기
	셋별 투자자 원정대
	하루경영
	별별밴드
	미리내 이야기 관측소
	신신원정대
	별에서 온 녀석들
	뷰티인사이드
	별들의 스페이스
	은하수를 그리다
	요리봐도 조리봐도 요고리얼, 쿠킹 교실
	우리들의 성장을 위한 VR
	피규어가 살아있다
	과야호
	과며들다
	Life Science HASA
	VITA 500
공공프로젝트	은하수 메타버스

〈2021 은하수 프로젝트〉

모든 프로젝트는 청소년들이 주도적으로 기획하고 운영한다. 활동 시간은 방과 후이고, 평일 또는 토요일에 가능한 시간을 프로젝트에서 자유롭게 정할 수 있다. 장소는 주로 인천학생교육문화회관이고, 프로젝트의 특성에 따라 외부에서 활동할 수 있다.

청소년들은 프로젝트를 통해서 가치를 배운다. 프로젝트는 혼자 힘으로 할 수 없기에 서로 힘을 나누고, 도움을 받으면서 협력과 연대의 가치를 배운다. 또한 우리만의 배움에서 그치지 않고 '배움의 공익화'를 지향한다. 배운 것을 다른 사람들과 함께 나누고자 하는 것이다.

'별에서 온 녀석들' 팀은 인하대 문화예술원과 연계하여 영상 작품 2개를 제작하고 메타버스 시사회를 개최했다. '별별밴드' 팀은 지역 주민과 청소년을 위한 시민 위로 버스킹을 진행했다. '요리조리' 팀은 반찬 도시락 30인분을 만들어 푸드뱅크에 기부했다. '피규어가 살아있다' 팀은 기후행동시민 실천 달력을 제작하여 공유하였다. '우리 세상 바루기' 팀은 교육에 대한 청소년들의 목소리를 듣고 세상에 나누기 위해 청소년 토론회를 개최했다. '별들의 스페이스' 팀은 인천학생교육문화회관에 청소년 쉼 공간을 만들었다. '신신원정대' 팀은 건강을 지키고 환경을 살리기 위해 줍깅(쓰레기 줍기+조깅)을 했다.

공공 프로젝트 '메타버스 은하수'에서는 청소년과 길잡이 교사가 TF팀을 조직하여 메타버스 은하수 학교를 만들었다. 그 플랫폼을 학생들과 공유하고자 인천 관내 학교 10개교를 모집하여 '우리가 꿈꾸는 학교, 메타버스에서 우리 학교 만들기'를 개최하였다.

• 청소년 자치회

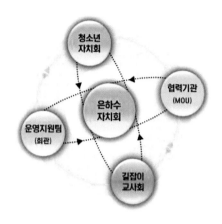

〈은하수 학교 조직도〉

은하수 학교의 자치조직에는 청소년 자치회, 길잡이 교사회, 운영지원팀이 있다. 청소년 자치회는 은하수 학교의 전체 행사(성장나눔회, 사회참여 행사, 자체 평가회 등)를 주관한다. 프로젝트가 끝나면 온·오프라인을 넘나들며 각 프로젝트 상황을 공유하고 은하수 학교 운영에 대해 논의한다. 학교의 학생회와 비슷하면서도 조금 다른 점이 있다.

첫째, 선발이 없다. 선발을 통해 구성하는 학생회와 달리, 청소년 자치회는 프로젝트의 팀장과 자원하는 청소년으로 구성된다. 청소년 자치회 활동을 하고 싶은 청소년이라면 누구나 선발 없이 참여 가능하다. 모두에게 자치 참여 기회를 열어놓은 것이다. 2021년에는 전체 청소년 140명 중에서 40명 정도가 참여했다.

둘째, 청소년의 의견 반영도가 높다. 학교에서 자치활동을 하다 보면 청소년들의 의견이 묵살되는 경우가 많다. 최종 결정권이 청소년에게 없기 때문이다. 은하수 학교에서는 주로 청소년 자치회에서 학교의 운영 방식과 전체 행사를 기획하고 결정한다. 또한 운영지원팀에서는 현실적인 실행 가능성을 고려하고 청소년들의 의견을 최대한 존중하고 지원해 준다. 덕분에 청소년들의 의견이 은하수 학교에 직접적으로 반영되기 쉽다.

그러나 이러한 과정은 느리기도 하다. 청소년 자치회 회의 사례 하나를 이야기해 보겠다. '은하수 자치회 조직 구성'을 안건으로 논의할 때 있었던 일이다. 은하수 자치회는 은하수 학교의 '한해살이 성장나눔회'나 '자체 평가회'와 같이 전체 구성원의 동의가 필요한 행사의 안건을 최종 심의·의결하는 역할이다. 은하수 학교의 주체인 청소년과 길잡이 교사, 운영지원팀이 모여 구성된다. 청소년의 주도권을 보장하기 위해 '청소년과 어른의 구성 비율을 8:2로 하고, 대표는 청소년이 맡는다'는 규칙이 있다.

문제는 2021년에 은하수 학교 2기 은하수 자치회를 새롭게 구성하면서 시작되었다. 먼저 청소년 자치회 청소년 중에 지원자를 받아보았는데, 16명이 지원했다. 길잡이 교사와 운영지원팀을 2명으로 한 상황에서 8:2의 비율을 맞추기 위해서는 8명의 청소년이 필요했다. 은하수 자치회는 최종 심의와 의결을 담당하는 조직인만큼 효율적으로 처리할 수 있도록 소수 인원이 필요하다고 생각했다. 어쩔 수 없이 절반을 떨어뜨려서 인원 조정을 해야 하는 상황이 되었다.

'어떻게 뽑을 것인가?'를 쟁점으로 회의가 진행되었다. 청소년 자치회에서 몇 주간 머리를 맞대고 여러 구성 방법을 생각해 보았다. 크게 세 가지 의견으로 좁혀졌다.

> •**선발**: 은하수 자치회의 청소년들은 매 회의에 성실하게 참여해야 한다. 또한 말을 잘 하는 능력도 중요하다. 성실성을 확인할 수 있는 '회의 출석률'과, 언변 능력을 확인할 수 있는 '공개 토론회'를 통해서 뛰어난 청소년들을 선발하자.
>
> •**선출**: 은하수 자치회 청소년의 역할은 청소년 자치회의 의견을 온전히 대변하는 것이다. 심의하고 의결하는 과정에서 청소년들의 대표성을 지녀야 한다. 민주적인 대의 방법인 투표를 통해서 선출하자.
>
> •**추첨**: 은하수 학교는 능력주의와 경쟁을 떠나서 모두에게 참여의 기회를 열어 놓아야 한다. 누가 되어도 잘 해낼 것이라 신뢰를 가지고 무작위로 추첨하자.

〈은하수 자치회 구성원 선정에 관한 주장〉

모두 다 설득력 있는 주장이다. 여러분은 어떤 방법이 좋겠다고 생각하는가? 어느 하나만이 정답이라고 단정 짓기 어렵다. 서로가 생각하는 은하수의 중요 가치와 철학에 대한 이해가 달라서 쉽게 합의를 이루기 힘들었다. 한동안 팽팽한 논의가 이루어졌다.

결국 청소년 자치회에서 내린 답은 '전체 수용'이었다. 8:2의 비율만 맞추면 되니 의결 과정이 조금 느리더라도 모두가 자치를 경험할 수 있도록 하자는 것이었다. 기준에 맞춰 선별하지 않아도 모두 책임감을 갖고 잘할 것이라는 상호 신뢰를 바탕으로 이루어진 결과였다. 그렇게 16명이 은하수 자치회에 함께하게 되었다. 길잡이 교사와 운영지원팀에서 각각 한 명씩 추가하였고, 은하수 자치회는 20명이 되었다.

　어찌 보면 좀 허무한 결론일 수 있다. 선별에 대해서 많은 시간을 논의했는데, 결론이 '선별 없는 전체 수용'이었기 때문이다. 이럴 거면 굳이 회의할 필요가 없었다고 생각할 수도 있다. 그러나 이러한 결론을 도출하기까지의 과정이 중요하다고 생각한다. 청소년들이 서로 다른 생각을 지닌 이들과 소통하며 자치를 배울 수 있었기 때문이다. 지난 6월에 진행한 서클 프로세스 연수(회의 진행자를 위한 의사결정 서클)를 이수한 청소년들이 소그룹을 나누어 직접 의사결정 회의를 이끌었다. 참여 청소년들은 다른 생각을 가진 이들과 토론하면서 내 생각을 표현하는 법, 비판적으로 사고하는 법을 배울 수 있었다. 나아가 타인의 의견을 경청하고, 한 발짝 물러나 수용하기도 하며 하나의 의견으로 합의하는 과정을 이룰 수 있었다. '전체 수용'이라는 결론을 이끌기까지의 과정은 자치를 연습한 순간이었다.

　이 사례는 은하수 학교의 특징을 가장 잘 나타낸다고 생각한다. '전체 수용'이라는 결과를 보면 청소년들이 '의결의 효율성'보다 '모두의 참여 기회와 신뢰'라는 가치에 초점을 두었다는 것을 알 수 있다. 10명을 선별하여 효율적인 조직을 구성하는 것보다 모두를 믿고 자치 참여의 기회를 주는 것이 중요하다고 생각한 것이다. 전혀 예상치 못한 결과에 한 수 배웠다.

나중에 이 결과를 두고 잘못된 선택이었다고 후회하는 순간이 올 수도 있다. 그래도 괜찮다. 서로의 생각을 표현하고 토론하는 연습을 할 수 있었고, 다양한 조직 구성 방법이 있다는 것을 배웠다. 이 경험을 발판 삼아 다음에 더 나은 선택을 할 수 있을 것이다. 청소년 자치회의 회의는 숙의민주주의 형식으로 이루어진다. 단순한 다수결을 넘어서 충분한 논의와 소통을 통해 이루어지는 자치를 경험한다. 이것이 진정한 자치가 아닐까? 이날의 경험이 앞으로 공동체의 구성원으로 살아가는데 큰 도움이 될 것이라고 확신한다. 청소년 자치회는 오늘도 함께, 천천히 걸어간다.

　은하수 학교는 매년 학기 초(2월~3월)에 새로운 청소년들을 모집한다. 학교의 학생뿐만 아니라 홈스쿨러, 학교 밖 청소년 등 청소년이라면 누구나 신청할 수 있다. 더 많은 정보를 알고 싶은 분들은 아래 QR코드를 통해 은하수 학교 이야기를 확인할 수 있다.

카페

페이스북

블로그

은하수의 자치 문화

공동체는 저마다 고유한 모습을 지니고 있다. '문화를 보면 그 사회의 모습을 알 수 있다'는 말이 있듯이, 학교의 문화를 보면 학교의 본질을 파악하는 데 도움이 된다. 은하수 학교에는 특별한 자치 문화가 있다. 은하수의 자치 문화를 통해 은하수 학교를 조금 더 깊이 알아보자. 내가 느낀 은하수에서 느낀 '은하수의 자치문화'를 소개한다.

• 무학년제

은하수 학교의 청소년은 중1부터 고3까지 구성되어 있다. 은하수 프로젝트와 청소년 자치회의 구성은 학년의 구분이 없는 무학년제로 이루어진다. 무학년제의 가장 큰 장점은 다양성이다. 지금까지 학교에서는 주로 같은 학년의 친구들과 만났다면, 은하수 학교에서는 학년의 구분을 넘어 다양한 청소년들과 만나 소통할 수 있다. 덕분에 회의에서 다양한 생각들이 나온다.

처음에는 서로의 다름을 이해하기 힘들어했다. 중1과 고3이 함께 협력해 본 경험이 없었으니 서로 어색한 것이 당연하다. 겨우 6살 차이에서도 세대 차이가 나나보다. 그러나 시간이 지날수록 나이의 벽이 조금씩 허물어지는 모습이 보인다. 프로젝트를 하면서 저학년 청소년들은 고학년 청소년들에게 하나씩 물어가며 배우기도 하고, 고학년 청소년들은 저학년 청소년들에게 생각지도 못한 새로운 아이디어를 얻기도 한다. 무학년제 덕분에 학년의 틀을 넘어 조금 더 넓은 세상을 바라볼 수 있게 된 것이다.

• 별칭

'별칭'이라고 하면 부정적인 느낌이 난다. 별칭이 상대방을 놀리기 위해 장난스럽게 만들어지는 경우가 많기 때문이다. 그러나 은하수 학교는 평등한 관계의 소통을 위해서 오히려 별칭을 사용한다.

별칭은 첫 모임 때 스스로 의미를 담아 만든다. '레몬백작', '도체', '몽상가', '깨꽁' 같은 간단한 별칭부터 '십정동 뿅망치', '파인애플 피자에 밥 말아 먹기 장인' 같은 독특한 별칭까지, 모두 개성 만점이다. 첫 만남에서는 이름, 학교, 나이보다 별칭과 별칭의 의미를 소개한다.

만화 캐릭터 레몬백작을 닮아서 '레몬백작', 별칭을 정할 때 마침 도체와 부도체 단원을 배우고 있어서 '도체', 그냥 몽상하는 것을 좋아해서 '몽상가', 어릴 적 부모님께서 '깨꽁아~'하고 불러주셔서 '깨꽁'. 각자의 개성이 담긴 별칭을 나누다 보면 금세 서로 친해진다.

무엇보다 별칭은 기억하기 쉽다. 내 별칭은 '띨빵'인데 한 번 듣고서 잊어버린 사람을 못 봤다. 가끔 띨빵할 때도 있고 '띨빵'의 어감이 맛깔나서 부를 때 재밌으라고 지었는데, 이렇게 오래갈 줄 알았으면 좀 멋지게 지을 걸 하는 후회도 남는다. 몇몇 분들은 내가 전혀 띨빵하지 않다고 그냥 '빵이'로 불러주시기도 한다. 어떤가? 이렇게 의미가 깊은 별칭의 탄생 일화를 들으면 절대 못 잊지 않겠는가?

별칭 덕분에 소통하기가 한결 수월해진다. 선배나 형, 누나, 언니, 오빠와 같이 나이를 나타내는 말이나 팀장, 대표와 같은 직위를 나타내는 말은 소통의 벽을 생기게 한다. 대신 서로 '00님'이라고 부른다면 나이나 직책에 얽매이지 않고 소통할 수 있다. 청소년도, 길잡이 교사도, 모두 서로를 별칭으로 부르며 나이에 상관없이 존대하는 모습이 펼쳐진다. 무학년제가 잘 정착할 수 있었던 것도 별칭 덕분이다.

• 서클 프로세스

"우리 조상들은 모닥불 주위에 둥글게 모여 앉았고, 우리 가족은 식탁 주위에 둥글게 모여 앉았다. 이제 우리는 공동체 구성원들이 둥글게 모여 앉아 문제를 해결하고, 서로 지지하며, 연결되는 법을 배우고자 한다."[4]

서클 프로세스는(이하 서클) 상호 존중을 바탕으로 공동체 구성원의 관계를 형성하고, 모두의 지혜를 모아 공동의 문제를 해결하는 프로세스다. 전체 구성원의 목소리를 들을 수 있는 민주적인 소통 방식이라고 할 수 있다. 상황과 목적에 따라 다양한 종류의 프로세스를 적용할 수 있다. 첫 모임에서는 주로 '공동체 구축 서클'을, 회의 시에는 '의사결정 서클'을 사용한다.

---

4) 케이 프라니스. 「서클 프로세스」

서클의 약속	
제안은 합의와 동의로 결정해요	토킹 스틱을 갖고 계신 분만 말해요
가능한 시간도 1/n로 사용해요	나의 이야기를 해 주시고 패스 가능해요
들을 때는 끝까지 마음으로 들어 줘요 (판단하지 않기)	침묵을 서클의 한 존재로 수용해요
사적인 것 보호해 주세요	

〈서클의 약속〉

중요한 것은 형식보다 내용이다. 둥글게 둘러앉는 것은 평등한 관계를, 토킹피스를 사용하는 것은 발언의 경청을, 체크인과 체크아웃 시간은 모두가 이곳에 현존함을 의미한다. 이러한 서클의 정신만 유지한다면 형식은 크게 중요하지 않다. 네모난 책상에 앉아서도 할 수 있다. 서클은 서로 존중하며 소통하겠다는 의지의 표현인 것이다. 자치활동에서는 일 처리를 위한 수단적인 만남뿐 아니라, 마음을 나누는 인격적인 만남도 중요하다. 그래서 은하수는 서클을 사용한다. 서클에 대해 더 자세히 알고 싶은 분들은 케이 프라니스의 『서클 프로세스』책을 참고하기 바란다.

〈서클 프로세스 청소년 진행자 연수와 프로젝트 적용〉

은하수에서 하는 말

• "실패해도 괜찮아!"

부끄러운 나의 실패 경험을 하나 나누려고 한다. 사실 은하수 학교에서 나의 첫 경험은 실패였다. 그것도 완벽한 실패. '치킨집 사건'으로 불리는 이 일은 2020년의 뜨거운 여름날로 거슬러 올라 간다.

'(가칭)청소년자치학교 추진단'(이하 추진단) 때 있었던 일이다. 추진단은 은하수 학교가 생기기 전, 청소년 자치학교를 만들기 위 해 모인 조직이다. 90명의 청소년들이 8개의 조로 나뉘어 3개월 동안 학교의 상(모습)을 만들었다. 코로나로 인해 7월까지 한 번도 대면 모임을 하지 못하다가 드디어 7월 4일, 첫 대면 모임을 하게 되었다.

우리 조는 첫 모임에서 '삼삼오오 워크숍'을 진행하기로 했다. 삼삼오오 워크숍은 운영지원팀에서 나눠준 식사 기프티콘으로 함께 식사하며 친해지는 시간이다. 떡볶이부터 피자, 치킨, 아이스크림까지 27가지의 다양한 음식 중에 고를 수 있었다. 행복한 고민이 시작되었다.

5조의 이끔이를 맡은 나는 팀원들과 카톡에서 메뉴와 날짜를 의논했다. 아직 한 번도 만난 적이 없는 친구들이었지만 메뉴를 정할 때만큼은 일심동체가 되었다. 긴 고심 끝에 우리는 '치킨'을 골랐다. 12시에 회관 근처 치킨집에 모여 식사하고, 2시까지 여유롭게 회관에 가기로 계획했다. 나는 참석 인원을 확인하고, 운영지원팀에게 치킨집 기프티콘을 받고, 치킨집 장소도 공유하며 나름 잘 준비했다고 생각했다. 첫 모임인 만큼 실수하지 않고 잘 해내길 바랐다.

드디어 당일이 되었다. 나는 예정보다 조금 일찍 도착했다. 버스에서 내려 치킨집까지 걸어갔는데 토요일 오전이라 그런지 거리는 한산했다. 기분 좋게 치킨집 앞에 무언가 이상했다. 치킨집의 불이 꺼져있는 것이었다. 문도 잠겨있었다. '아차!' 순간 등골이 서늘해졌다. 지금 다들 모이고 있는 상황인데 어찌한단 말인가. 왜 영업시간 확인도 안 하고 갔을까. 단체로 갈 때는 예약이 필수인데 식당 예약 경험이 없던 나는 너무 당당하게 아무 준비 없이 간 것이다. 시간 확인도 안 하고 예약도 안 했으니 문이 닫혀 있는 게 당연했다.

그때 팀원들이 거의 다 왔다고 카톡이 왔다. 문이 잠겼으니 다시 돌아가라고 할 수도 없고, 그렇다고 전화도 안 받는 치킨집 앞에서 무작정 기다릴 수도 없는 노릇이었다. 이곳으로 슬슬 모이고 있는 상황에서 이것저것 방법을 찾아보았다.

운영지원팀에서는 전화로 "우선 회관으로 와서 다른 방법을 찾아보자"라고 하시고, 옆에 도착한 친구는 "옆 가게에서 이 치킨집은 12시부터 문을 연다고 말씀하시니 여기서 조금만 더 기다리자"라고 한다. 길잡이 선생님께서는 카톡으로 "밖이 더운데 근처에 내가 일하는 곳이 있으니 우선 거기서 기다리자"라고 말씀하신다. 더 혼란스러워졌다. 우리는 회관과 치킨집, 선생님의 직장 사이를 방황했다.

엎친 데 덮친 격으로 카톡방에서는 길을 잃었다는 친구부터, 10분째 지각철여 친구라고 하는 친구, 그래서 어디로 가야 하냐는 친구, 주차할 곳이 없다는 선생님의 목소리까지, 정신이 없었다. 이도 저도 못 하고 발만 동동 구르며 우리는 뜨거운 길바닥 위에서 30분을 보냈다.

그 순간, 사장님이 도착하셨다. 셔터 문이 활짝 열리고, 모든 게 한순간에 해결되었다. 드디어 우리는 치킨을 먹을 수 있게 되었다. 다행히 무사히 들어갔지만 팀원들에게 너무 미안하고 속상했다. 나의 준비 부족으로 인해서 첫날부터 정신없는 일이 벌어졌다고 생각하니 먹으면서도 마냥 웃을 수 없었다. 그때 길잡이 선생님께서 내게 다가오셔서 말씀하셨다. "실패해도 괜찮아!" 누구나 처음에는 실수한다고, 오늘의 실패를 통해 배우고 다음번에는 더 잘 할 수 있을 거라고, 그러니까 실패해도 괜찮다고. 말씀하셨다. 잘못했다고 책망하기는커녕, 오히려 환하게 웃으며 고생했다고 나를 격려해 주셨다. 그 말 한마디가 참 따뜻하게 느껴졌다. 나는 '아, 여기는 정말 안전한 곳이구나, 실패해도 괜찮구나!'하고 생각했다. 맛있게 치킨을 먹고 회관으로 돌아가 나머지 워크숍 활동들은 무사히 마쳤다. 파란만장한 첫 실패 경험 덕분에 이후 은하수 학교에서 활동을 준비하게 되면 모임 전에 미리 준비해 놓는 습관이 생겼다.

이날의 실패에 특별한 점이 있었다면 바로 '안전한 실패'였다는 것이다. 한번 실패하면 끝나버리는 실패가 아니라, 일어서는 법을 배울 수 있고, 다시 회복할 기회가 있는 실패였다. 실패해도 괜찮다는 말 한마디가 다음에도 도전할 수 있는 용기를 만들어주었다. 안전하게 경험한 실패는 다시 일어설 수 있는 약이 된다. 실패 좀 하면 어떤가. 실패하고 어떻게 변화하고 성장할 것인지가 중요한 것이다. 앞으로 자치하면서 실패하더라도 당당하게 일어서길 바란다. 서로에게 말해보면 어떨까? 실패해도 괜찮다고.

나중에 알게 된 사실인데, 치킨집은 대부분 12시 넘어서 문을 연다고 한다. 혹시나 치킨집에서 모임을 준비할 일이 생긴다면 꼭 확인하길 바란다.

• "해야 하는 거 말고, 하고 싶은 거 해!"

이 문장은 청소년자치학교 추진단을 모집할 때 포스터의 헤드카피로 내 걸었던 문장이다. 많은 친구들이 이 문장에 마음이 사로잡혀 오게 되었다고 한다. 은하수 학교는 하고 싶은 것을 시도할 수 있는 기회를 제공한다.

치킨집 사건 이후, 본격적으로 프로젝트가 만들어지기 시작했다.

나도 내가 하고 싶은 것을 고민해 보았다. 생활기록부나 진로 말고, 지금 이 순간에 내가 진짜 하고 싶은 것을 생각해 보았다. "뮤지컬!" 살면서 한 번쯤은 뮤지컬을 하고 싶었다. 그 당시 뮤지컬에 푹 빠져있던 나는 직접 연기하고 노래하며 뮤지컬 무대의 주인공이 되고 싶었다. 태어나서 한 번도 해보지 못한 새로운 분야였지만 '실패해도 괜찮으니까 한번 해 보자! 살면서 뮤지컬을 언제 해 보겠어'라는 마음으로 도전해 보았다. 실패해도 괜찮다는 것을 깨달았으니까. 그렇게 뮤지컬을 꿈꾸는 10명의 친구가 모였다. 뮤지컬 프로젝트 '미제'(未題: 아직 정해지지 않은 제목)가 시작되었다.

우리는 '공감이 되는 뮤지컬을 통해 다름을 이해하고 이야기하지'로 목표를 세웠다. 뮤지컬을 통해서 학생들은 모두 다양하고 소중하다는 메시지를 전하고 싶었다. 뮤지컬은 처음이었지만 하고 싶은 마음이 간절해서 그런지 모두 열정이 대단했다. 처음 써보는 시나리오를 잘 쓰고 싶은 마음에 온갖 시나리오 작성법을 찾아보며 밤새 만들었다. 부족한 노래 실력을 채우기 위해 모이지 않는 날에도 자발적으로 연습했다. 한번 회의를 시작하면 서로 하고 싶은 말이 많아 정시에 끝나는 법이 없었다. 우리는 서로의 역할에 최선을 다하며 공연할 날을 꿈꿨다.

그러나 상황은 좋지 않았다. 11월에 코로나 19의 확산으로 인해 거리두기 단계가 상향되면서 회관이 문을 잠갔다. 당연히 무대에는 설 수 없게 되었다. 모여서 연습조차 할 수 없었다. 절망적이었다.

그래도 우리는 뮤지컬의 꿈을 포기할 수 없었다. 지금의 우리가 할 수 있는 방법을 찾기 위해 온오프라인을 넘나들며 회의했다. 며

칠간 이어진 회의 끝에 뮤지컬 넘버로 준비한 'This is me'를 뮤직비디오로 찍기로 했다. 한곳에 모이지도 못하는 상황이라 각자 집에서 촬영하고 녹음한 것을 편집하기로 했다. 1주일도 채 남지 않은 상황이었지만 모두 발 빠르게 움직였다. 역시 벼락치기 앞에서는 모두 슈퍼맨이 된다.

〈미제 프로젝트 뮤비〉

그렇게 짧은 영상 하나가 완성되었다. 영상에는 화려한 조명도, 멋진 의상도 없었다. 휴대전화 마이크로 녹음해서 음질은 말할 것도 없다. 처음 기대한 결과물은 아니었다. 하지만 그 과정은 정말 멋졌다. 시나리오부터 노래 편곡, 안무 연습, 의상 준비까지, 모든 친구들이 본인의 역할에 최선을 다해 준비한 과정이었다. 갑작스러운 변화 상황에서도 포기하지 않고 새롭게 만들어낸 길이었다. 결과는 만족스럽지 못하지만, 오히려 위기 상황에서 연대하고 길을 만드는 과정에서 기쁨을 느꼈다. 마지막에 친구들이 나눠준 소감에서 "코로나 때문에 뮤지컬은 포기해야 하나 했는데 끝까지 새로운 방법을 찾아서 완성하는 우리 팀이 참 대단했다", "다음에도 또 모여서 무언가 도전하고 싶다"라고 한 말이 참 인상 깊었다. 미제 프로젝트는 '은하수, 별걸 다 한다'라는 2020년 대주제에 맞게 정말 별걸 다 한 경험이었다.

누군가는 왜 그렇게 열심히 하냐고 묻는다. 열심히 활동한다고 생활기록부에 더 기록되는 것도, 평가받는 것도 아닌데 왜 최선을 다하는지 모르겠다고 한다. 그럴 때면 이렇게 대답한다. "그냥.. 좋아서!"

좋아하는 것을 하는데 특별한 이유가 있나. 그냥 좋아서, 하고 싶으니까 하는 것이다. 인간의 자연스러운 본능이다. 마음이 이끄는 대로 움직이는 본능. 요즘 많은 사람들이 해야 하는 것들에 밀려서 이 본능을 잊고 사는 것 같다. 가끔은 지금 하고 싶은 것을 시도해 보는 것은 어떨까?

카르페 디엠(Carpe diem)이라는 말이 있다. '현재를 잡아라'라는 뜻이다. 영화 〈죽은 시인의 사회〉에서 키팅 선생님이 학생들에게 한 말이다. 내게는 이 말이 미래만을 위해 현재를 포기하지 말고, 지금 하고 싶은 것에 최선을 다해 도전해 보라는 의미로 들린다.

즐겁게 자치하고 싶은가? 그렇다면 지금 하고 싶은 것을 해보라. 현재를 잡을 수 있도록 해보라. 자치활동이 해야 하는 '일'이 아니라, 하고 싶은 '꿈'이 되도록. 현재를 즐기는 사람은 그 시간의 주인이 된다. '하고 싶어서' 모인 사람들은 그만큼 능동적이다. 미제 프로젝트가 그러했듯이 그 자체를 하고 싶어서 모일 때 주체적인 자치가 일어날 수 있다. 현재를 즐길 수 있는 용기와 지혜를 얻기를 바란다.

#4 자치인(自治人)

은하수 학교를 통해서 나는 한 명의 자치인으로 성장했다. 자치인은 스스로를 다스리는 사람, 나아가 다른 이들과 함께 공동체를 다스리는 사람이다. 회장이나 대표만이 자치인이 아니다. 자치를 사랑한다면 누구나 자치인이 될 수 있다. 자치는 '자치인'이 되는 것에서부터 시작한다.

자치의 맛

자치인이 되기 위해선 먼저 '자치의 맛'을 깨달아야 한다. 무엇이든 그 맛을 알아야 깊이 빠져들 수 있다. 여러분은 자치의 맛을 느낀 순간이 있는가? 자신의 의견이 공동체에 반영될 때, 작은 행동으로 인해 누군가가 행복해질 때, 예기치 못한 상황이 닥쳐도 친구들과 함께 어려움을 헤쳐나갈 때, 우리는 다양한 자치의 맛을 느낀다. 그 맛은 평생 잊을 수 없는 맛이리라. 열심을 기울인 도전이 실패할 때면 쓰다. 그럼에도 팀원들과 함께 최선을 다해 도전했던 순간은 달다. 이 맛을 알 때 주체성을 지니고 참여할 수 있다. 스스로 시도해 보고, 문제에 부딪히고, 고민해 볼 때 비로소 알 수 있다. 이 맛이 청소년들을 주체적으로 움직일 수 있도록 하는 원동력이 된다고 생각한다.

한 번은 은하수 학교의 청소년들을 인터뷰하면서 자치의 맛에 대해 물어본 적이 있다. 학교에서 학생자치활동을 한 친구들도, 은하수 학교에서 처음으로 자치활동을 한 친구들도 있었는데, 저마다 생각하는 자치의 맛은 다양했다. 확실한 것은 청소년들은 자치의 맛에 점점 익숙해지고 있다는 것이었다. 어색해하고 부담스러워하던 처음과 달리, 점점 자치를 즐기는 모습이 눈에 보인다.

Q. '자치의 맛'이 무엇이라고 생각하나요?
- 음... 자치의 맛 이라... 한번 빠져들면 헤어나올 수 없으니까 달콤함과 조금의 고난이라는 쓴맛이 있어서 다크 초콜릿이라고 생각합니다. (삔이)
- 각자에게 공동체에 대한 책임감을 넣어줄 수 있단 것? (신사고)
- 음... 자신이 팀이나 소속에서 있다는 소속감과 책임감? (장신)
- 저는 소금맛이요! 밍밍한 요리에 맛을 더해 적당한 맛을 이끌어내는 소금처럼, '자치'라는 게 한 개인을 이끌어줄 수 있는 것 같습니다. (도체)

은하수 학교는 학생들에게 안전하게 자치의 맛을 알려주는 곳이라고 생각한다. 덕분에 청소년들은 스스로 판단하여 움직이고 공동체에 책임을 다하는 자치인으로 성장하고 있다. 안전한 자치의 맛

이 청소년들을 주체적으로 움직일 수 있도록 하는 원동력이 되는 것이다. 이 맛을 잊지 않고 계속해서 자치하는 삶을 살아가면 좋겠다.

요즘 학교에서도 학생들의 주체성을 강조하고 있다. '학생 중심 교육'이라는 이름으로 학생을 중심에 두고 교육하자는 목소리가 커지고 있다. 지금까지 교육이 교사를 중심으로 한 지식 전달 위주로 이루어졌다면, 앞으로는 학습자의 흥미와 욕구에 맞춰 이루어져야 한다는 것이다. 학생중심 교육도, 학생자치도 온전히 이루어지기 위해서는 먼저 그 맛을 알아야 한다. 지금까지 수동적인 교육에 익숙해져 버린 학생들이 능동적으로 배움을 찾아 나서기란 힘들다. 먼저 학생들이 스스로 찾아 배우는 즐거움을 깨닫는 것이 필요하다. 마음 놓고 자치할 수 있는 기회가 생겨 그 맛을 깨달을 때, 학생 중심 교육이 온전히 이루어지리라고 생각한다.

어른 놀이

자치를 하다 보면 어른이 된 것 같다. 여러분도 가끔 '나 좀 어른스러운데?'하고 느꼈을 때가 있을 것이다. 왜 그렇게 그럴까? 어른처럼 알아서 맡은 일을 척척 해내기 때문일 것이다. 자치활동을 하다 보면 새로운 일을 기획하고 운영하게 된다. 앉아서 공부하는 수업을 넘어서, 직접 움직이며 공동체에 직접적인 영향력을 행사한다. 게다가 어른스러운 단어를 쓰는 것도 한몫한다. 일 처리, 업무, 프로젝트 등 회사에서나 쓸법한 단어를 사용하다 보면 조금 더 어른스럽다고 느껴진다.

어른의 사전적 정의는 '다 자란 사람, 혹은 다 자라서 자기 일에 책임을 질 수 있는 사람'이다. 어른과 아이의 차이를 살펴보면, 바로 '책임'이라는 것을 알 수 있다. 아이는 본인의 행동에 책임지는 법을 배워가며 어른으로 자라난다. 그런 면에서 자치는 아이가 성숙한 어른이 되기 위해 책임을 배우는 '어른 놀이'이다.

그런데 자치를 한다고 모두가 어른 놀이를 하는 것은 아니다. 어른 놀이를 잘 못하는 친구, 소위 '책임감 없는 애'를 만나기도 한다. 은하수 학교라고 예외는 아니다. 성실하게 팀을 위해 일하는 친구가 있는 반면, 본인에게 주어진 역할을 다하지 않는 친구도 있다. 그나마 오기라도 하면 다행이지, 어느 날 갑자기 잠수를 타버리고는 연락이 끊기는 친구도 있다. 12명에서 시작했다가 이제는 5명밖에 안 남았다는 팀의 소식이 들리기도 한다. 혼자 남아 끝까지 책임지고 있는 팀장을 볼 때면 마음 한 켠이 참 씁쓸해진다.

이런 모습을 볼 때마다 또 생각이 많아진다. '어떻게 하면 다른 팀원들의 책임감을 높일 수 있을까?'라는 질문이 생긴다. 많은 분들이 공감하고 고민하는 질문이라고 생각한다. 이런 문제는 항상 곁에 답이 있다. 나부터 돌아보아야 한다. 질문을 바꿔서 '우리는 처음에 어떻게 책임을 경험했을까?' 생각해 보자.

초등학생 때로 거슬러 올라가 보자. 학교가 끝나면 선생님께서 꼭 주시는 것이 있다. 바로 숙제다. 여러분들은 숙제를 좋아하는 가? 대부분의 아이들처럼 나도 숙제를 썩 좋아하진 않았다. 어른 놀이를 즐기기에는 아직 어렸나 보다. 그런데 시간이 지날수록 점점 숙제를 하기 시작했다. 당근과 채찍 덕분이었다. 숙제를 잘 해 간 날에는 당근을, 못 해 간 날에는 채찍을 받았다. 당근으로 주시던 칭찬과 선물이 좋았고, 채찍으로 주시던 꾸중과 벌이 싫었다. 나는 숙제를 통해 처음으로 책임의 무게에 대해 배웠다.

아이들은 당근과 채찍을 계속 접하다 보면 숙제는 꼭 해야 한다는 것을 무의식적으로 학습한다. 그러나 이런 책임감은 오래가지 못한다. 당근과 채찍과 같은 요인이 없으면 책임질 이유가 없어지기 때문이다.

학생자치는 외부의 간섭 없이 학생들이 스스로 결정하고 움직이는 일이다. 당근과 채찍 없이 책임지는 것이다. 그런데 이미 당근과 채찍에 의한 책임에 익숙해진 학생들은 알아서 책임지기 힘들다. 자치활동에서 적극적인 책임이 일어나지 않은 이유가 이 때문이라고 생각한다. 진정한 책임을 배울 기회가 없었다. 공동체에서 함께 책임을 나누는 가치에 대해 배운 적이 없었다. 자치에는 자발적인 책임이 필요한데 말이다.

자발적인 책임을 갖도록 하기 위해서는 먼저 구성원들이 모두 주인이 되도록 해 보자. 주인은 공동체에서 주권을 가진 사람이다. 주인만이 책임의 무게와 가치를 알 수 있다. 책임감은 누군가 시켜서 움직일 때 생기지 않는다. 주인이 되어 공동체의 문제가 '내 것'이라는 마음이 들 때 자발적인 책임감이 생긴다.

그러기 위해서는 의사결정에 참여해야 한다. 공동체에서 스스로 판단하고 결정할 수 있어야 한다. 한 명이 독단적으로 결정하고 지시하면 그 한 사람만 주인이지만, 모두가 회의에 참여하고 논의하면 모두가 주인이 된다. 모두가 주인으로서 결정하고 책임지는 공동체, 즉 민주적인 공동체다.

우리는 민주적인 공동체에서 자치할 때, 자기결정권에 따른 책임감을 경험하며 점점 어른이 되어간다. 앞으로 자주 어른 놀이를 해보자. 어른 놀이를 통해 책임을 배워보자.

자치공부

자치를 굳이 배워야 할까? 특별히 배우지 않고도 지금까지 잘해 왔는데 말이다. 그렇다, 자치는 굳이 배워야 한다. 물론 배움의 필요성을 느끼지 못한 사람에게 꼭 배우라고 강요할 수는 없지만, 지금보다 더 성장하기를 원하는 사람이라면 꼭 배워야 한다.

자치의 맛을 느낀 사람이라면 더욱 성장하고 싶은 욕심이 생기리라 확신한다. 공동체에 책임을 다하고 싶은 사람이라면 더욱 배우고 싶을 것이다. 그렇기 때문에 여러분이 지금 이 책을 읽고 있는 것이 아닌가? 지금도 배움이 일어나는 순간이다. 이왕 배울 거제대로 배워보자.

사실 자치를 배우는데 확실한 정답은 없다. 저마다 상황이 다르기 때문이다. 위에서 설명한 은하수 학교의 사례만 해도 너무 다양하지 않은가? 분명 여러분들이 경험한 자치와는 또 다른 것이다. 자치에는 정말 답이 없다. 요즘 말로 '노답'이다. 자치가 어려운 이유는 '노답' 속에서 '내 답'을 만들어가야 하는 것이기 때문이 아닐까? 서론이 길었다. 거두절미하고 자치를 배우는 법을 나누겠다.

다시 말하지만 자치를 배우는 데에는 정답이 없다. 나의 경험을 바탕으로 이야기하는 것이기에 참고만 해 달라.

개인적으로 가장 좋았던 방법은 바로 '책'이었다. 다양한 경험과 연수를 통한 배움도 좋았지만, 책은 나에게 필요한 정보를 빠르고 쉽게 찾을 수 있다는 장점이 있기에 가장 효율적으로 배울 수 있었다. 특히 질문이 많았던 나는 여러 사람들의 지혜가 녹아있는 책을 통해서 답을 구할 수 있었다. 그래서 다양한 책들 중에서 크게 감명을 받고 도움이 되었던 책을 추천한다. 지극히 개인적인 주관을 담아 추천하는 책이니 참고만 해 달라. 무엇보다 본인의 상황과 필요에 따라 선택하는 것이 좋다. 책을 통해 궁금증을 해결하고, 작가와 공감하며, 새로운 사실을 배울 때 찾아오는 희열을 느끼길 바란다.

리더	- 리더는 하루에 백번 싸운다 (조우성) "가장 중요한 제1원칙은 말과 행동이 일치하는 것이다" 한비자가 강조한 통치 도구인 법(法)·술(術)·세(勢)를 바탕으로 사람을 다스리는 리더에 대해 이야기한다. 고전의 지혜를 현대에 적용하고 싶은 분들에게 추천한다.	가치	- 왜 함께 일하는가 (사이먼 사이넥) "혼자 빛나는 별은 없다." 함께하는 자치의 가치를 잘 나타내는 책이다. 짧은 문장과 의미 있는 그림이 가슴을 울린다. 초심을 찾고 싶을 날 새벽에 읽어보라.
회의	- 30분 회의 (정찬우) "이처럼 업무의 성패를 좌우하는 회의는, 모든 업무 위의 업무이다." 회의 진행부터 회의록 작성까지, 회의의 효율성을 높이기 위한 여러 방법들이 들어있다.	아이디어	- 당신의 생각을 정리해드립니다 (복주환) "우리가 생각을 잘 정리해야 하는 이유는 행동을 잘 하기 위해서다." 마인드맵, 로직트리 등 여러 생각 정리 기법들을 모아 놓았다. 팀원들과 공유하여 함께 아이디어를 모으거나 기획할 때 활용해도 좋다.

〈자치를 위한 추천 도서〉

나아가 '자치를' 배우는 것을 넘어 '자치로' 배우면 좋겠다. 배움은 교과서를 통해서만 일어나는 것이 아니다. 삶의 현장에서도 일어난다. 위에 은하수 자치회 사례에서 보지 않았는가? 조직의 구성 방법을 논의하며 민주주의를, 실패도 하고 협력도 하며 자치의 가치를, 공동체에 대한 책임감과 사랑을 배웠다. 나는 이것이 진정한 배움이라고 생각한다. 삶의 경험을 통해서 지혜를 배우는, 삶이 앎이 되는 배움이다. 여러분이 자치하고 있다면 지금도 배움이 일어나고 있다. 지금 움직이면서 무엇을 배우고 있는지 생각해 보자. 자치를 통해 스스로 '내 답'을 찾아가길 바란다.

이제 우리 자치인이 되자. 자치의 맛을 깨닫고, 가끔은 어른 놀이도 하고, 자치를 제대로 배우는, 자치인이 되자. 그런 자치인이 될 때 우리는 자신을, 그리고 공동체를 다스릴 수 있게 된다.

#5 혼자는 별, 함께하면 은하수

"혼자는 별이 될 수 있지만, 함께하면 은하수가 될 수 있음을 항상 생각하겠습니다."

이 문장은 은하수 청소년 선언문의 마지막 문장이다. 우리는 모두 저마다의 빛을 가진 별이다. 별은 혼자서도 빛날 수 있지만, 함께 모여 은하수를 만들 때 더 큰 빛을 낼 수 있다. 자치는 여러 별이 모여 하나의 은하수를 만들어가는 과정, 즉 함께 공동체를 다스리는 과정이다. 자치는 '함께함'으로 완성된다.

자치는 특권인가?

학생자치는 누가 하는가? 나의 경험을 떠올려보면 학교에서 학생자치는 특권이었다. 학급 정·부회장으로 선출되거나 학생회로 선발되어야만 할 수 있었다. 뽑히지 못한 학생들은 학교 운영에 목소리를 내기가 힘들었다. 그나마 있는 학급자치활동은 형식적인 시간이 되어버린 경우가 많다. 이 모습이 비단 내 경험만은 아닐 것이다. 자치는 소수의 전유물이 되면 안 된다. 모두의 참여가 보장되어야 한다.

자치에서 '참여'라는 뜻의 범위는 너무 넓기에, 다양한 자치활동 중에서 참여가 중요한 비중을 차지하는 회의에 초점을 맞춰보려고 한다. 내가 경험한 회의 모습은 대개 이러했다.

우선 진행자가 안건을 쭉 읊는다. 침묵 속에서 누군가 물꼬를 틀기 시작하면 여기저기서 목소리가 나온다. 말하기 어려운 주제가 나오면 한동안 조용해진다. 그러다가 말 많은 친구 몇 명이 등장한다. 시원하게 말해주어서 자연스럽게 그 친구에게로 이목이 쏠린다. 그 친구들 중심으로 회의가 돌아간다. 다른 친구들은 비슷한 생각인 것 같아 고개를 끄덕이며 동의한다. 남은 시간을 확인하니 얼마 남지 않았다. 빠르게 다수결로 합의를 이루고 회의를 마친다. 좋은 결론도 나왔고 시간도 잘 맞춰서 끝났다. 이 회의는 모두가 만족한 회의일까?

효율적인 회의였지만 모두가 만족한 회의는 아니라고 생각한다. 참여하지 못한 학생들이 있었기 때문이다. 몸은 그곳에 있었지만 마음은 그곳에 없었다. 공동체의 환경이 본인의 목소리를 낼 수 없다면 주인이 될 수 없다. 모두의 참여가 이루어지는 회의가 되어야 한다.

내가 생각하는 회의의 이유는 두 가지다. 첫째, 합리적인 답을 구하기 위해서다. 살다 보면 한 사람의 생각으로는 문제를 해결하기 힘든 문제가 생긴다. 이때 회의를 통해서 답을 찾을 수 있다. 정보를 나누고 공동의 지혜를 모으는 과정을 통해 보다 합리적인 답과 참신한 아이디어를 얻을 수 있다. 문제를 해결하기 위해서는 여러 사람이 함께 고민하는 것이 효과적이다. 이 경우에는 좋은 회의는 '빠르게 답을 찾은 회의'다.

둘째, 서로 소통하기 위해서다. 회의는 단순한 정보 공유의 장이 아니다. 본인의 생각을 표현하고, 타인의 목소리를 경청하며, 때로는 논쟁도 하는, 격렬한 상호작용의 장이다. 사람들은 유기적인 공동체에서 본인의 목소리를 낼 때 현존함을 느낄 수 있다. 이를 통해 자치활동에 주인의식과 책임감을 갖고 참여하게 된다. 흔히 말하는 '가족 같은 공동체'는 이렇게 모두의 소통이 일어나는 공동체라고 생각한다. 말이 많아서 때론 다투기도 하고, 답답하기도 하지만 결국 서로를 의지하고 사랑하는 곳이다.

지금까지 우리는 회의의 첫 번째 목적에만 집중했던 것 같다. 회의가 답을 찾기 위한 시간이라고만 생각했기에 효율적인 회의를 추구했다. 그러나 회의는 구성원들의 소통을 통해 소속감을 느끼고 연대하는 시간이기도 하다. 공동체 구성원의 당연한 권리인 것이다. 합리적인 답을 구하기 위해서는 소수의 인원으로 회의를 진행해도 되겠지만, 모두가 주인이 되기 위해서는 모두가 소통하는 시간이 필요하다. 그래서 나는 조금은 느리더라도 회의의 두 번째 목적에 집중해야 한다고 생각한다. 생각을 쉽게 표현하지 않거나 엉뚱한 이야기를 하는 친구가 있더라도 무시하지 않고 함께 소통하는 회의를 만들어야 한다.

학생들은 저마다 회의에 참여하는 방식이 다르다. 누군가는 회의에서 적극적으로 의견을 피력한다. 하고 싶은 말이 있으면 바로 털어놓는 덕분에 회의가 원활하게 진행된다. 반면, 묵묵히 자신의 자리에서 생각하는 사람도 있다. 천천히 생각하고, 생각을 표현하기나는 이견 동의를 하는 경우가 많다. 대답이 없어도 다 생각하고 있는 것이 있다. 확실한 것은 세상에 똑같은 방식으로 말하는 사람은 없다는 것이다. 민주적인 회의가 이루어지기 위해서는 이 다양한 모습을 존중해 주어야 한다. 생각을 표현하는 연습을 할 수 있도록, 골고루 참여해 주인의식을 느낄 수 있도록, 회의 진행자는 이 점을 늘 염두에 두어야 한다. 구성원의 다양한 모습을 존중해 줄 때 모두의 참여가 이루어질 수 있다.

은하수 학교의 청소년 자치회는 제한 없는 구성과 서클 프로세스 등을 통해서 모두의 참여를 보장하기 위해 노력한다고 말했다. 그러나 이러한 방법은 몇 가지 문제를 낳기도 한다.

우선, 40명이나 되는 인원이 한 시간에 모두 모이기 힘들다. 초기에는 회의 시간을 일정하게 고정해 놓지 않고 매 회의마다 투표로 결정했는데, 한 번에 10~15명 정도밖에 참여하지 못했다. 참여

인원이 적다 보니 역설적으로 소수가 결정해버리는 상황이 된 것이다.

또한 회의 진행 속도가 느렸다. 충분한 숙의를 거쳐 결정하는 회의의 특성상, 모두 돌아가며 목소리를 나누기에는 시간이 너무 부족했다. 처리할 안건과 해야 할 일들은 많은데 전체가 모여 논의하다 보니 갈수록 일이 지체되었다. 하나의 안건도 다 논의하지 못하고 회의가 끝난 적도 있다.

이 문제를 해결하기 위해 청소년들은 고민했다. 고민한 결과, 한 번쯤은 소수가 투표한 시간대에 맞춰 회의를 진행하자는 의견이 나왔다. 항상 말하던 친구들이 아닌, 그동안 시간이 안 맞아 참여를 못했던 친구들의 목소리를 들어볼 기회를 마련하자는 것이었다. 덕분에 평소에 회의하면서 듣지 못했던 목소리를 들을 수 있었다.

또한 시간의 한계를 극복하기 위해 청소년 자치회에서는 TF팀 (Task Force: 특정 목적을 빠르게 수행하기 위해 소수의 인원이 모여 만든 임시조직)을 만들어 활동했다. 모든 행사를 청소년 자치회 전체 인원이 준비하기에는 회의 시간, 마감일, 개인 일정 등 현실적인 어려움이 있었다. 그래서 하나의 행사에 여러 TF팀을 나누어 조직하였고, 서로 시간이 맞는 청소년들끼리 나누어 준비한 덕분에 보다 능률적인 일 처리가 가능했다.

중요한 것은 속도보다 방향이다. 은하수 학교는 '함께'라는 가치에 초점을 맞췄다. 완벽하게 일을 수행하는 조직이 아니라, 안전하게 자치를 경험하는 배움터이기 때문이다. 자치의 기회는 특권이 아니라 모두가 누려야 한다. 뛰어난 사람이나 목소리가 큰 사람만

이 아닌, 모두가 함께 할 수 있는 것이 중요하다. 이러한 자치의 가치를 깨닫길 바란다. '한 사람의 열 걸음보다, 열 사람의 한 걸음이 더 크다'라는 말처럼 느리더라도 값진 한 걸음을 만들어보자.

자치라는 긴 항해

두 사람

두 사람이 노를 젓는다.
한 척의 배를.
한 사람은
별을 알고
한 사람은
폭풍을 안다.

한 사람은 별을 통과해
배를 안내하고
한 사람은 폭풍을 통과해
배를 안내한다.
마침내 끝에 이르렀을 때
기억 속 바다는
언제나 파란색이리라.

- 라이너 쿤체

나에게 큰 힘이 되어 주는 시다. 이 시는 함께 함의 가치를 잘 나타내고 있다. 함께하며 답답하다고 느끼거나, 초심을 잃고 방황할 때 이 시를 읽어보길 바란다.

자치하는 것은 두 사람이 항해하는 것과 같다. 항해는 함께하는 모험이다. 함께 노를 젓고, 어려움을 극복하며, 목적지로 나아가는 아름다운 과정이다. 그러나 서로 다른 방향으로 노를 젓는다면 배는 앞으로 나아갈 수 없다. 목적지와 다른 엉뚱한 곳으로 가버리고 말 것이다.

자치도 마찬가지이다. 자치에서도 공동체의 구성원들이 한 방향을 바라보는 것이 중요하다. 사실 나는 항해하면서 팀원과 노를 한 방향으로 젓지 못해 배가 기울어지는 어려움을 겪었다.

2021년에 나는 '우리 세상 바루기'라는 프로젝트에 참여했다. 바루기는 '삐뚤어지지 않게 바르게 하다'라는 뜻으로, 우리는 사회·교육개혁을 통해 우리 세상을 바루자는 목표를 세웠다.

첫 모임에서는 앞으로 집중적으로 다룰 주제를 정했다. '사회·교육문제'라고만 하면 너무 방대하기에 주제를 좁혀보기로 했다. 학생, 사회적 소수자, 노숙인, 지역 갈등 등 다양한 주제가 나왔다. 긴 회의 끝에 첫 번째 주제는 '학생'으로 잡았다. 그렇게 우리는 학생 교육 문제 해결을 위한 활동을 시작했다. 온·오프라인을 넘나들며 교육 문제에 대해 토론했다. 강사를 초빙하여 '교육, 어떻게 바꿀까?'를 주제로 한 강의도 들었다. 정책 제안 활동에서 학생을 위한 3가지 정책을 제안하기도 했다.

마지막으로 인천광역시 관내의 청소년을 대상으로 '우리가 외치는 교육 이야기! 청소년 토로회'를 기획하였다. 학생들이 교육 문제에 접근하고 논의할 기회가 상대적으로 부족하다고 생각해서 학생들이 마음껏 토로할 수 있는 장을 마련했다. '우리는 표현하고 있는가?', '우리는 함께하고 있는가?', '우리는 행복한가?', '우리는 삶의 힘이 자라는가?', 이렇게 4가지 소주제를 잡았다. 방식은 줌을 활용해 온라인 월드카페를 진행하기로 하였다. 청소년들이 처음

146

부터 기획하고 진행까지 하다 보니 많은 준비가 필요했다. 모임이 일주일에 한 번밖에 없었기에 우리는 더 바쁘게 움직였다.

그렇게 몇 달간 토론회를 준비하던 중 어느 날 저녁, 팀원 2명이 카톡을 보냈다. 프로젝트를 나가겠다고 하는 것이다. 갑자기 이게 무슨 말인가. 얼마 전까지만 해도 열심히 토론회를 준비하던 친구들이었는데 갑작스러운 선언에 깜짝 놀랐다. 나가려는 이유를 장문의 글로 정리해서 보내주었다. 본인들은 프로젝트에서 사회 문제 활동을 기대했는데 계속 교육 문제 활동만 진행한 것에 불만이 쌓였다고 말했다. 또 문제를 해결하는 활동은 안 하고 비판과 토론에서 그치는 점은 지적했다. 개혁보다는 불평을 늘어놓는 모습에 가깝다는 것이다. 처음 계획과 다르게 계속 처지는 프로젝트 진행 속도도 문제라고 했다.

다 맞는 말이라 할 말이 없었다. 1학기에 먼저 학생을 주제로 한 활동을 하고, 2학기에는 사회 분야 활동을 진행해 보기로 했었는데 활동이 늦춰지면서 학생 주제 활동을 계속 끌고 갔다. 실천 지향적인 활동이 부족했던 것도 맞았다.

나는 우리 프로젝트가 참 잘되고 있다고 생각했다. 시간은 부족해도 각자의 역할을 성실하게 수행하며 목표를 이루어가고 있다고 판단했다. 혼자만의 착각이었다. 옆의 친구들은 그렇게 생각하지 않았다. 내 목적만 생각하며 옆 친구들의 목소리를 듣지 않고 달려갔는지 모른다. '아쉬움을 조금 더 일찍 알았더라면, 진솔하게 이야기하는 시간이 있었더라면 이런 일은 없었을 텐데'하는 후회가 남는다. 우리에게는 소통이 필요했다. 바쁜 준비 속에서도 잠시 멈

춰서 서로를 돌아보는 소통의 시간이 필요했다.

노를 젓는 방향이 같지 않으면 배는 흔들릴 수밖에 없다. 우리는 서로 다른 방향으로 노를 젓고 있었던 것이다. 그 사실을 깨닫지 못했다. 토로회를 준비한다는 명목으로 서로의 생각을 나눠볼 시간이 없었다. 아니, 어쩌면 알고서도 멈추지 않았는지 모르겠다. 내가 옳다는 착각에, 양보하기 싫은 욕심에 계속 귀를 막고 있었는지도 모르겠다.

자치할 때는 서로의 목표를 맞춰가야 한다. 개인의 목표와 공동체의 비전이 공존해야 한다. 그러기 위해서는 중간중간 서로를 돌아보아야 한다. 노를 젓는 방향이 어디인지. 무엇을 생각하고 무엇을 원하는지 목소리를 나누어보아야 한다. 그렇지 않으면 함께 할 수 없다. 자치에는 소통의 시간이 필수적이다.

만약 다시 그때로 돌아간다면 바쁜 상황에서도 함께 이야기할 기회를 만들었을 것이다. 이 활동을 통해서 이루고 싶은 것이 무엇인지, 준비하면서 힘든 일은 없었는지, 마음에 담아둔 말은 없는지, 그런 이야기를 나눠보고 싶다. 여러분은 나와 같은 실수를 하지 않길 바란다. 소통은 느려 보여도 공동체의 유지를 위해 필요한 시간이다. 함께 소통하며, 함께 노를 젓는 공동체를 만들기 바란다.

자치하자=사랑하자

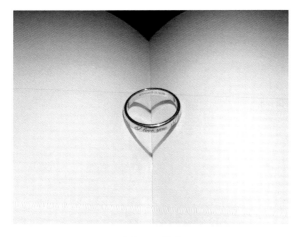

〈하트 링〉5)

"둥근 링에 비친 그림자가 하트를 만들고 있습니다. 저는 이 그림이 우리 은하수 학교를 잘 나타낸다고 생각합니다. 누구나 평등하게 자치할 수 있는 은하수 학교가 참 좋습니다. 저는 아직 많이 부족하고, 가끔은 띨빵하기도 합니다. 그렇지만 단 한 가지는 약속드릴 수 있습니다. 은하수 학교를 사랑하겠습니다. 저 혼자 빛나려 하기보다는, 함께 사랑을 만들 수 있도록 빛을 비추겠습니다. 서로 사랑하는 공동체가 될 수 있도록 먼저 사랑하겠습니다."

---

5) https://unsplash.com/photos/1apx8Nj-k7Y?utm_source=unspl ash&utm_medium=referral&utm_content=creditShareLink

대표가 되고서 다짐을 나눌 때, 내 앞에 보이던 저 그림 카드를 집어 보여주며 고백했다. 공동체를, 구성원을 사랑하겠다고 다짐했다. 이 마음은 지금도 변함이 없다. 나는 은하수 학교를 참 사랑한다.

자치할 때 스스로 가장 중심에 둔 가치는 '사랑'이다. 사랑할 때 진심이 담긴 행동이 나오기 때문이다. 사랑하면 겉으로 드러난다. 상대방을 위해 나의 시간을 쓰는 것. 내 말만 하지 않고 상대방의 말에 경청하는 것, 한 번 약속한 것은 꼭 지키려고 노력하는 것, 상대방이 더 발전하고 행복하길 바라는 것. 함께할 때면 행복하고, 계속 함께하고 싶은 것. 이것이 사랑의 표현이다.

사랑은 자치의 필수조건이다. 나의 시간을 써서 일하고, 다른 이들의 말을 경청하고, 공동체의 약속을 지키고, 모두가 발전하고 행복하길 바라고, 함께 활동할 때 행복하고, 계속 함께하고 싶은 것, 우리가 바라는 자치는 이런 모습 아닌가? 자치한다는 것은 사랑한다는 것과 같다.

리더는 '공동체를 가장 사랑하는 사람'이라고 생각한다. 출중한 말솜씨도, 화려한 스펙도 필요도 없다. 진심으로 사랑하는 마음이 먼저다. 공동체가 너무 좋아서 움직이다 보면 어느 순간 리더가 되어 있는 것이다. 리더에게 특권이 있다면 공동체를 가장 많이 사랑할 수 있다는 것이 아닐까?

내가 생각한 대표의 역할은 '공동체를 사랑하는 조력자'였다. 구성원이 모두 존중받고 주인으로 참여할 수 있도록 돕는 조력자. 그래서 나서기보다는 기다리는 것이, 말하기보다는 들어주는 것이 중요했다. 가장 많이 했던 일은 회의 진행이었는데, 내가 가장 힘들었던 부분은 '말을 아끼고 기다리는 것'이었다. 진행자로서 중립을 지키며 내 의견을 주장하지 않는 것은 쉽지 않았다. 자꾸만 '이건 아닌데'하고 끼어들고 싶은 마음이 생겼다. 그래도 참을 수 있었던 것은 믿고 기다림이 사랑의 표현이라고 생각했기 때문이다.

사랑의 표현 방법은 다양하다. 나는 길잡이 선생님의 모습을 보며 그 사랑을 배웠다. 길잡이 선생님께서는 팀원들이 계속 출석하지 않을 때 나무라거나 꾸짖지 않으시고 기다려주셨다. 계속 소통하기 위해 연락을 취하며 떨어져 있는 친구들의 중심을 모으는 역할을 해주셨다. 덕분에 나중에 다시 나오게 된 친구들이 팀에 잘 합류할 수 있게 되었다. 그 모습을 보면서 기다림이 공동체의 성장에 큰 도움이 된다고 느꼈다. 믿고 기다리며 성장할 수 있도록 하는 것이 리더십이라고 생각했다. 앞서지 않고 한 발짝 물러나 기다릴 줄 아는 지혜가 필요하다.

자치는 나 혼자 하는 것이 아니라 다 함께 하는 것이다. 함께 가면 느리다고 혼자 독단적으로 앞서가게 되면 문제가 생긴다. 처음에는 개인으로 움직이는 것이 효율적으로 보일지 모른다. 그러나 장기적으로 보았을 때 팀원들의 의욕을 떨어뜨려 공동체의 힘이 필요한 상황에서 아무것도 할 수 없게 된다. 공동체가 함께 성장하길 바란다면 스스로 배우고 움직일 때까지 기다려보자. 그리고 소통하자. 옆을 보지 않고 혼자만 달리면 어떤 일이 일어나는지 보지 않았는가? 소통하지 않은 공동체는 결국 분열되었다.

모든 것에 사랑이 필요하다. 사랑 없는 참여와 소통은 속이 빈

껍데기일 뿐이다. 공동체에서 사랑받기를 바라기보다, 우리가 먼저 사랑해 보자. 자치활동이 점점 수단적인 만남으로, 스펙을 위한 활동으로 변질되어 버리고 있는 이 시대에 사랑을 이야기하는 것은 너무 이상적으로 들릴지도 모른다. 그러나 나는 함께 공생하기 위해서는 서로를 사랑하고 연대하는 것이 필수조건이라고 생각한다. 각자의 이익만을 위해 움직인다면 공동체는 공생할 수 없다. 협력이 경쟁보다 낫다. 지금 이 책을 읽으며 더 좋은 자치를 꿈꾸고 있는 여러분이 자치의 희망이라고 생각한다. 공동체를 사랑하는 방법을 찾기를 바란다. 믿고 기다리는 것이 되었든, 가장 낮은 곳에서 팀원들을 섬기는 것이 되었든, 여러분에게 맞는 방법으로 뜨겁게 사랑하길 바란다.

'참여, 소통, 사랑' 이것이 내가 찾은 답이다. 자치라는 별빛을 모아 은하수로 완성시키기 위한 조건이라고 생각한다. 자치의 기회가 특권이 아니라 모두에게 주어질 때, 옆 친구들과 꾸준히 소통하며 한 방향으로 노를 저을 때, 본인이 있는 자리에서 최선을 다해 공동체를 사랑할 때, 별들은 아름다운 은하수가 된다. 이제 나아가 여러분만의 답을 찾기 바란다. 진심으로 사랑할 때 보이는 그 길을 따르기 바란다.

#6 모두가 즐겁게

내겐 자치하는 모든 순간이 행복이었다. 설렘을 가득 안고 새로운 친구들과 만난 순간부터, 처음 시도하는 온라인 회의가 잘 진행되지 않아 속상했던 순간, 저녁 늦게까지 행사를 준비하며 함께 먹고 웃고 떠들던 순간, 마지막 모임을 끝내고 집으로 돌아갈 때 버스 문밖으로 노을을 바라보던 순간까지. 그 모든 순간이 참 소중하고 감사했다. 내게 은하수 학교는 '선생님'이었다. 자치하는 것이 얼마나 기쁜 일인지 가르쳐준 선생님.

자치활동을 하면서 많은 분들의 도움을 받았다. 꿀 같은 주말의 단잠을 포기하고 나와서 우리와 동행해 주신 길잡이 선생님들과, 야근도 마다하지 않고 우리 뒤를 든든하게 지원해 주시는 운영지원팀 선생님들. 은하수가 걸어간 길에는 언제나 그들의 적극적인 믿음과 지원이 있었다. 정말 감사하다. 덕분에 내가, 우리가 안전하고 즐겁게 자치할 수 있었다. 청소년의 시선에서 이야기를 적느라 글에 많이 등장하지는 않았지만 늘 보이지 않는 곳에서 누구보다 힘쓰시는, 정말 고마운 분들이다.

앞으로 자치의 미래가 기대된다. 세상에는 자치를 좋아하는 청소년이 있고, 그들이 안전하게 자치할 수 있도록 지원하는 따뜻한 손길도 있다. 그리고 자치 경험을 책으로 써서 나누려는 멋진 청소년들도 있다. 이렇게 자치에 진심인 사람들을 볼 때면 자치의 미래가 참 기대된다.

은하수 학교를 통해서 한 줄기 희망을 본 것 같다. 자치활동을 하며 신나서 어쩔 줄 모르는 친구들의 눈을 보았고, 배우는 게 즐겁다고 외치는 목소리를 들었고, 서로 경쟁하지 않고 협력할 줄 아는 따뜻한 마음을 느꼈다. 이것이 우리 교육이 나아가야 할 방향이 아닐까? 앞으로 은하수 학교와 같은 자치 배움터가 많아지면 좋겠다. 나아가 학교에서도 즐겁고 안전하게 자치할 수 있는 기회가 많아지면 좋겠다. 은하수 학교가 담고 있는 가치와 철학이 미래 교육의 방향이 되면 얼마나 좋을까. 학생들이 모두 안전하고 즐겁게 자치할 수 있는 학교, 배우고 싶은 것을 배우며 배움의 주인이 되는 학교, 경쟁 없이 서로 마음껏 사랑할 수 있는 학교가 되면 좋겠다.

어느 날 은하수 학교의 중학생 친구가 이렇게 말했다. "제가 어른이 되었을 즈음에는 굳이 '자치를 배워야 해?'라는 이야기가 나올 정도로 학생자치가 아주 익숙하고 당연한 것이 되면 좋겠어요!" 앞으로 그런 세상을 만들고 싶다. 모두가 즐겁게 자치하는 게 당연한 세상. 그 세상을 만드는 어른이 되고 싶다.

(가칭)인천청소년자치학교 추진단 모집
- 청소년, 교사, 마을멘토
- 추진단 모집
- 학교 기초 만들기

추진단 워크숍 및 청소년 프로젝트 기획단 활동
- 첫 만남 공동체 놀이
- 추진단 공동 약속 세우기
- 학교의 이름. 핵심가치, 비전, 슬로건 만들기
- 2020 프로젝트 대주제 세우기
- 싱강연

인천청소년자치학교 '은하수' 탄생

한해살이 성장나눔회
- 모두의 성장을 격려하고 축하하는 '코로나지만 괜찮아' 성장나눔회

자체평가 및 집담회
- 은하수 자치회 주관 자체 평가회
- 집담회 은하수 '별별다방'
- 자체평가공유 및 주제 토의

은하수 홍보단
- 2021 은하수 홍보 포스터 제작

은하수 사전 기획단
- 기획팀, 운영팀, 홍보팀으로 나누어 활동
- 2021 프로젝트 대주제 세우기

은하수 프로젝트
- 은하수 프로젝트 '은하수의 별난이들, 별별 이야기를 들려줘'
- 선택프로젝트 및 공공프로젝트 18개 운영

한해살이 성장 나눔회

자체평가 및 집담회

〈은하수 학교가 걸어온 길〉

인천청소년자치학교 '은하수' 청소년 선언

우리는 은하수의 주인이자 내 삶의 주인으로서 '스스로 생각하고 함께 만들어 더불어 사는 사회'를 만드는 시민이 되기 위해 다음과 같이 다짐합니다.

하나. 실패를 두려워하지 않고, 좋은 결과보다 좋은 과정을 통해 성장하겠습니다.
하나. 더 나은 세상을 향한 우리들의 새로운 상상을 멈추지 않겠습니다.
하나. 마을에서 배우고, 더불어 사는 세상을 만드는 시민이 되겠습니다.
하나. 나의 가치와 타인의 가치로 우리를 빛내겠습니다.
하나. 나와 다른 이들을 모두 소중하게 여기고 함께 사랑하며 사는 법을 배우겠습니다.
하나. 우리는 각자 자기 삶의 주인으로서 스스로 배우고 판단하고 결정하겠습니다.
하나. 나의 성공을 위해 경쟁하기보다는, 우리의 성장을 위해 협력하겠습니다.
하나. 혼자는 별이 될 수 있지만, 함께 하면 은하수가 될 수 있음을 항상 생각하겠습니다.

우리는 주체적인 삶을 통해 비전을 찾고, 사랑으로 연대하여 은하수를 이루겠습니다.

2020년 12월 은하수 학교 청소년 일동

학생자치 수다

우현진, 김지원, 유현호, 이현우

저자들은 학생들이 직접 말하는 진솔한 학생자치 이야기를 담기 위해 한자리에 모였다. 이날 저자들은 학생자치에 관한 생생하고 진지한 수다를 펼쳤다.

Q. 학생자치활동에 어떻게 참여하게 되었나요?

현진 학생자치의 첫 시작은 중학교 1학년 때 교내 학생회 면접에 지원을 한 것으로부터 시작되었어요. 처음 면접은 '학교를 위해서', '많은 학생들을 대신하여 쉽게 이룰 수 없는 것을 직접 이루고 싶어서'와 같은 정의감으로부터 비롯된 행동이 아니라 단순한

호기심 때문에 지원하였죠. 학생회라는 조직이 어떠한 곳인지 궁금하였고, 많은 경험을 해보고 싶었기에 '이왕 중학교에서 긴 시간 보낼 거 재밌고 바쁘게 살아보자!'하는 마음으로 스스로 스타트를 끊었어요.

지원 저는 학생자치를 그저 단체 활동을 좋아하고 나서기를 좋아해서 시작하게 되었어요. 학생자치를 하고 싶어서 시작했다기보다 적극적으로 학생을 위한 일을 하다가 보니 학생자치를 하고 있었네요. 시간이 흐르다 보니 학생들을 대표해서 학생들을 위한 일을 하고 싶다는 마음이 커진 것 같아요. 나와 같은 마음으로 나서서 학생을 위한 일을 하고 싶은 든든한 동료를 만들고 싶은 마음도 있었고요. 그렇게 학생회를 통해 학생자치활동을 무작정 시작하게 되었어요.

현호 한 번뿐인 청소년기에 많은 경험을 쌓고 싶다는 생각이 컸던 것 같아요. 물론 학생에게 중요한 것은 공부지만, 공부만 하면서 지루하게 청소년기를 보내고 싶지 않았어요. 다양한 활동을 하면서 많은 것들을 경험해 보고, 활동 속에서 더 성장하고 싶거든요, 이런 활동들을 접하지 못했다면 과연 이 좋은 걸 어디서 배울 수 있었을까 싶을 정도로 굉장히 만족하고 있어요.

Q. 학생자치활동을 하면서 자신에게 어떤 변화가 생겼나요?

현우　은하수 학교에서의 활동 후 저에게 일어난 가장 큰 변화는 '성숙'이라고 할 수 있어요. 새로운 사람과 만나 소통하면서 세상에는 하나의 정답이 아닌 서로 다른 다양한 생각이 존재함을 배웠죠. 대표를 맡아 공동체의 중심을 잡고 회의를 진행하며 책임감의 무게를 느끼기도 했고요.

그리고 공동체를, 사람을 사랑하는 방법을 배웠어요. 그 당시에는 모든 게 처음이라 지치고 힘들고 두려울 때도 많았지만, 돌아보면 게가 선수한 사람이 될 수 있도록 도와준 소중한 경험이었습니다. 처음에는 무엇이든 서툴고 부족하던 제가 자치를 경험하며 이제는 조금은 어른스러워진 것 같아요.

현호　앞에서도 살짝 언급했지만 학생자치활동을 통해서 다양한 경험을 하고, 활동을 하다 보니 자연스레 큰 변화들이 생겼어요. 상황 대처능력, 다른 사람들과의 소통 능력, 미디어 콘텐츠 제작 능력이 대표적이에요.

지원　가장 큰 긍정적인 변화는 바로 '도전정신'이 생겼다는 것이에요. 자치활동을 하면서는 좀처럼 같은 일은 생기지 않더라고요. 정확히 주어진 매뉴얼도 없고요. 그러니까 나와 구성원들의 아이디어와 노력으로 온전히 주어진 일을 해내야 했어요. 당연히 처음에는 두려움밖에 없었는데요. 그저 실패하는 것이 두렵고 내가 해야 하는 일을 파악하지 못해서 두려웠죠. 내가 무슨 일을 해야 하는지도 정확히 모르는데 어떻게 태연할 수 있겠어요. 하지만 오로지 내 힘만이 아닌 각기 다른 사람들의 의견을 가지고 업무를 분담하여 차근차근 진행하며 목표를 이루다가 돌아보니 두려움보다 해낼 일에 대한 기대감과 한 일들로 기뻐하는 사람들을 보며 느낀 성취감이 더 컸답니다.

도전정신과 함께 얻게 된 것은 계획하는 능력과 통찰력이에요. 학생자치를 하다 보면 한 번에 한 가지 일만 하는 경우는 거의 없었어요. 보통 학생들이 여유로운 시기가 한정적이기 때문에, 그 시기에 많은 일이 겹치는 경우가 많고, 시험 기간과 애매하게 겹치면 더욱이 모든 일이 촉박해지죠. 그런 상황에서도 의연하게 나에게 주어진 일을 하기 위해서는 계획하는 능력이 필요했던 것 같아요. 동시에 하나의 일을 보았을 때 어떤 일을 준비해야 하는지, 각 업무를 누구에게 분담하면 좋을지 알아챌 수 있는 통찰력이 길러진 것 같아요.

마지막으로 한 가지 더 꼽자면 배려심인데요. 학생자치는 혼자할 수 없어서 많은 사람과 함께하게 되고, 많은 사람과 함께 하다가 보면 당연히 혼자만의 의견을 고집할 수 없게 되어요. 때론 화도 나고 내 뜻대로 안 되는 것이 그저 불만족스럽지만 이해하는 법을 배우면 조급하고 불안하고 불만족스러운 감정에 치우치지 않고 올바른 타협점을 적극적으로 찾아가게 된답니다. 이 모든 것은 앞으로 살아가면서 모든 일에 쓰이겠지만, 그렇지 않더라도 삶의 태도 전반적인 부분에 영향을 미칠 것 같아요.

현진 나의 부족함을 많이 발견할 수 있었어요. 평소 자존감과 자신감이 정말 넘치는 사람이었는데, 자치활동을 하며 나의 부족함을 계속 발견할수록 번아웃이 참 많이 왔던 것 같아요. 더 의미 있는 학교생활을 위한 노력을 많이 하였는데, 모두에게 인정받고자 하는 마음이 있었던 것 같아요. 나의 생각이 누군가에게 비판을 받거나 무시를 당할 때면 좋지 못한 습관이 발동되어 그 하루는 거의 땅굴을 파듯이 마음의 문을 닫는 하루가 되기도 하였죠. 그렇기에 스스로 인정하고 쿨하게 넘기며 언제나 앞으로 나아가고자 하는 태도가 필요했고요. 꾸준한 노력의 끝에 더 단단한 인간이 될 수 있었어요.

또한 학생자치활동은 저의 장점을 더 극대화해 준 경험이기도 했어요. 숨겨진 나의 장점을 발견할 수도 있는 계기도 되었고요. 인생을 살며 '와 이 경험이 이렇게 도움이 되네.'라고 생각되는 부분이 참 많은데, 학생자치활동의 경험이 그랬어요. 나중에 가보면 다 써먹을 데가 충분히 있다는 것을 깨닫게 되었답니다. 10대라는, 어쩌면 금방 지나가버려 나중에 가면 너무나도 소중히 여겨질 그 순간들이 유의미하게 장식되어 미래의 나에게 큰 가치를 안겨줄 수 있다는 생각이 들어요.

Q. 학생의 자치와 참여를 위해 노력했던 일 중 특별히 기억에 남는 일이 있나요?

현진 학교생활협약을 새로 재구성한 일이 떠오르네요. 학교의 교칙을 스스로 생각해 보고 의견을 한 데 모으는 시간을 가지기도 했어요. 학생 대표, 선생님, 학부모와 함께 의견을 나누는 쉽게 말하면 딜을 하는 3주체 회의도 떠올라요.

학교에서 학생들이 원하는 부분, 예를 들어 학교에서 휴대폰을 할 수 있게 해달라는 의견이 나오면 이 부분을 중심으로 각 주체에서 찬반 의견을 나누어야 했어요. 저는 학생 대표로 나왔으니 당연히 이 안건을 성공시키는 것을 목적으로 두어야 했죠. 하지만 먼저 마음에 새긴 토론회의 신념이 있었어요. 욕심을 내지 말고 양보를 하며 타협을 보자는 것이죠. '학생 측에서 이 부분을 포기할 테니 대신 ~~~하게 하는 것은 어떻게 생각하시나요'처럼 말이에요. 다행히도 토론은 잘 진행되어 개정의 과정까지 무사히 완료되었고 개정안 내용을 큰 배너로 출력하여 전교생이 모두 지문 서약을 하는 시간도 가졌습니다. 이 부분은 EBS 미래교육 플러스 학생자치 편에도 소개가 되었답니다.

또 학교 교내 공간을 재구성하는 대규모 프로젝트가 있었어요. 다른 친구들, 선생님, 학부모, 마을 주민분들까지 4주체가 모두 함께 서울, 전주, 광주까지 현장 답사를 가며 인테리어학과, 건축학과를 지망하는 학생처럼 공간을 엄청 알아보고, 창의적인 아이디어를 내고자 고민하였던 기억이 나요. 실제 몇몇 아이디어들은 공간 구성에 실현되기도 했고요.

결론만 적자면 현재 운동장에 4층 건물이 하나 세워졌고, 그 공간은 4주체가 함께 쓸 수 있는 공간으로 이루어져 있어요. 학생회실 옆에는 '작은 마실'이라는 이름으로 쉴 수 있는 라운지가 생기기도 했고요. 이 모든 것에 나와 친구들의 아이디어가 포함되었기에 애정이 넘치는 공간이기도 합니다.

현호 저는 학교 밖에서 재정착난민 청소년과 함께하는 독거노인 반찬 나누기 행사가 기억에 남네요. 지역의 75세 이상 독거노인 40가정에 재정착 난민 청소년과 선주민(한국) 청소년이 짝꿍을 맺어 모든 가정에 반찬을 전달해 드리는 행사를 진행했었어요. 반찬은 닭찜, 오이지, 꽈리고추, 멸치볶음이었는데, 재정착 난민 청소년의 어머님들이 요리교실 활동 후 직접 만드시고, 이것을 청소년이 배단한 매우 의미 있는 행사였어요. 이 행사는 재정착 난민의 사회적응 및 청소년 봉사활동 지원을 목적으로 청소년단체 꿈을DREAM과 어울림이끌림사회적협동조합이 함께 진행하였다는 점이 특별했는데요. 청소년단체 꿈을DREAM은 학생, 청소년들이 직접 만든 단체이기도 해요.

현진 교육청의 학교구성원 인권조례 제정 과정에 참여한 기억도 떠올라요. 그동안 학생끼리만 회의를 한 적은 굉장히 많았는데, 조례안 회의는 다양한 구성원이 모였고, 학생이 파악하기에 어려운 내용도 많아서 책임감을 가지고 임했어요. 내가 제안한 말 한마디가 조례안에 적용되어 제정될 수도 있다는 생각에 많은 질문도 했었죠. 1년 이상 대면, 비대면으로 참 많은 회의와 검토 과정을 거치며 각 주체별로 의견을 제안하고 수정 작업을 거쳤어요. 점점 틀이 잡히기 시작하였고 그간의 고생이 좋은 결실로 맺어지길 바라는 마음이에요.

Q. 학생자치활동을 하면서 어려운 점은 없었나요?

지원 확실히 학생으로서 시간을 내기 어려운 것이 힘들었어요. 학교생활 중에서 자치는 비주류 활동에 속하거든요. 모두들 주류 활동으로 인정하는 동아리와 공부에 먼저 시간을 할애하고 나면 자치활동에 할애할 시간이 터무니없이 적어지죠. 하지만 결심한 이상 책임감 있게 학생자치를 해야 하고, 그를 위해서는 남들에게 뒤처지지 않을 만큼 공부도, 동아리 활동도 했어요.

또한, 학생자치를 하는 것을 탐탁지 않아 하는 시선도 아직 만연해요. 이 시선이 존재하지 않을 수는 없다고 생각해요. 그러나 교내에서 학생들이 고생하고, 자치라는 고가치 활동에 종사하는 것을 눈으로 보고, 자치의 가치를 아는 교사들이 학생들을 응원하지 않고 오히려 사기를 저하시키고, 자치를 폄하하면 학생들이 매우 무기력해지고 스스로 자치를 미워하게 된답니다. 교사들도 너무 내신에만 신경 쓰지 않고 자치활동을 통해서도 학생들이 성장함을 알고 공부도 열심히 할 수 있도록 격려하는 방향으로 지도해 주셨으면 좋겠어요. 적어도 새로운 것에 도전하는 학생을 나무라는 상황은 없어지길 바라는 마음이에요.

현호 학생들의 참여를 이끌어내는 것이 어려운 문제에요. 학생자치활동을 하다 보면 다들 한 번쯤은 가졌던 고민거리일 텐데요.

아무리 기획과 진행을 잘 해도 결국 학생들의 참여가 잘 이루어지지 않는다면 헛수고일 뿐인 것 같아요. 다들 참여를 이끌어내기 위해 상품을 많이 활용하는데, 이러한 물질적인 방법을 사용하지 않고 내적 동기 부여를 해서 학생들의 참여를 이끌어내는 것이 큰 숙제였던 것 같아요.

현우　여러 어려움이 있었지만 가장 크게 느낀 어려움은 '효율성'에 대한 부분이에요. 은하수 학교에서는 '느리지만 함께 가는 자치'라는 가치에 집중하다 보니 일처리의 효율성이 떨어지는 경우가 많았습니다.

난석인 네토 청소년 자치회에서 외관에 새로 지은 3개 공간(밴드실, 영상실, 회의실)의 이름을 정할 때 매우 긴 시간이 소요되었어요. 구글 폼을 통해 아이디어를 받고, 그 이름의 의미를 나누고, 다양한 의견의 찬반이 오가고, 합의점을 찾기 위해 소그룹으로 모여 회의를 하고, 길잡이 교사회에서 추가로 생긴 이견을 조율하고, 최종적으로 회의를 통해 결정했는데요. 그렇게 이름 3개를 정하는 데 3주의 시간이 걸렸어요. 이처럼 회의나 소통이 오래 걸리다 보니 갈수록 친구들이 지치게 된 측면도 있었죠.

진행을 하면서도 시간의 효율성을 위해서 내가 정리하고 빠르게 넘어갈 것인지, 느리지만 천천히 모두의 이야기를 들어볼 것인지 고민하고 판단하는 어려움이 컸어요. 모두가 지치지 않게 효율성과 가치를 적절히 잡을 방법을 찾는 것이 과제로 남는 것 같습니다.

Q. 학생자치에 도움이 되었던 일, 더 활성화되기 위한 아이디어가 있을까요?

현진 역시 돈이죠. 제가 속물적인 사람이 아니지만 돈이 있어야 우리가 원하는 학생자치활동이 가능하니까요. 특히 교육청에서 지원하는 '학생회장 공약이행비' 200만원은 정말 좋다고 생각하고 있어요.

지원 저도 동의요. 학생회 공약 이행비는 정말로 큰 도움이 되었어요. 학생자치에 있어서 예산을 무시할 수 없으니까요. 조금 더 자유롭게 학생들에게 필요한 것을 실행하기 위해서 주어진 공약이행비는 1년 동안 정말 제 목적대로 잘 쓰였어요.

또한 인천광역시교육청 학생참여위원회와 학생자치네트워크라는 학생들이 자치를 만들어갈 수 있는 장을 열어 준 것도 정말 큰 도움이 되었다고 생각해요. 당당하게 학생들이 자신의 자리에서 목소리를 낼 수 있게 되어, 안정적인 환경에서 참여하고 행동할 수 있었어요. 그 외에도 교육청에서 전폭적으로 지원해 주셔서 잊지 못할 기억으로 남네요.

현진 예산과 관련해서 학교로 눈을 돌려보면, 중학교 때 학생회는 예산 걱정이 없었어요. 1년에 진행한 사업이 그렇게 많았는데도 문제가 없었던 것을 보면 우리 학교에 편성된 학생자치 예산이 많거나 선생님께서 다른 부서에서 예산을 끌어오신 것 같아요.

반면 고등학교에서는 예산이 부족했어요. 학생회 활동을 하며 예산 관리를 총무부 부장 친구와 참 열심히 했는데요. 배송비도 아끼려고 같은 쇼핑몰에서 여러 물품을 찾느라 컴퓨터를 4시간 붙잡았던 기억도 있네요.

비단 돈뿐만 아니라 학생자치를 하는 학생들에게 주는 '관심'도 엄청난 지원이라고 생각해요. 진짜 우린 관심이 필요하거든요. 관심을 먹은 학생회는 신나서 더 날뛸 수 있답니다!

현호 어른들의 반대나 학생들의 참여도가 낮은 것에 굴하지 않고 끝까지 열심히 하는 것이 중요하다고 생각해요. 우리 중학교도 실날 약생사시가 선여 왈성화되어 있시 않았는네요. 하시만 그것에 굴하지 않고 정말 최선을 다했어요. 결국 많은 노력 끝에 선생님들도 학생회를 인정해 주시기 시작했고, 학생들의 참여율도 동시에 따라왔답니다.

지원 학생자치는 첫 발을 내딛는 것이 어려운 것 같아요. 학생자치 교육을 책으로, 강의로 하기보다 적어도 한 번 정도는 직접 참여할 수 있는 기회를 만드는 것이 좋을 것 같아요. 예를 들어 조별로 작은 예산을 주어 학교를 개선할 수 있는 아이디어 하나를 생각해 내서, 직접 실행까지 해보는 것이죠. 이런 경험 한 번으로 학생의 의견이 실제로 반영되어 학교를 변화시키는 것을 알려주고, 그를 통해 학생자치에 가까워지게 하면 좋을 것 같아요. 학생자치라는 것에 감을 잡지 못하고 한평생 모르다가 지나가는 일이 없도

록, 자신의 의견과 의지가 학교, 사회, 세상을 바꾸는 것을 체험시
키고 상상하게 하는 것은 꽤 의미 있는 활동이 될 것이라 생각해
요.

저자 소개

우현진 | 인천여자고등학교 2학년

선학중학교 전 학생회장이자 인천여자고등학교 학생회장으로 활동 중이다. 각 학교 학생회를 대상으로 학생자치 강연자로 나서고 있으며 인천광역시교육청의 학생자치 프로젝트를 기획하며 학생자치의 성장과 확장을 꿈꾼다.

김지원 | 작전여자고등학교 3학년

일할 때 가장 행복한 예비 대학생이다. 작전여자고등학교 학생회장, 인천광역시교육청 학생자치네트워크 서부지역 대표, 학생참여위원회 정책위원장으로 활동하였다.

김태형 | 인천장도초등학교 5학년

역사를 좋아하고, 도서관 가는 것이 취미인 초등학생이다. 학교 학생자치회 온라인 커뮤니티에 올라온 선생님의 글을 보고 교육청에 정책을 제안하게 되었다.

유현호 | 만수북중학교 3학년

학교 밖 자치활동을 통해 삶의 힘을 키우고 있다. 만수북중학교 학생회장, 국제 비영리 청소년단체 꿈을DREAM 부대표, 제2기 인천광역시 교육청 학생참여위원회 위원장으로 활동하고 있다.

이아선 | 인천고잔고등학교 2학년

학급·학교에서 학생자치활동에 적극적으로 참여해 온 고등학생이다. 평소 사회 문제에 대한 관심을 바탕으로 소수자들의 목소리에 귀를 기울이고자 노력하며 관련 캠페인 활동을 주도하였다. 세상의 작은 빛과 같은 존재이고 싶다는 소망을 지니고 있다.

이현우 | 동인천고등학교 3학년, 은하수 학교

학교를 사랑하는 청소년. (가칭)청소년자치학교추진단에서 은하수 학교를 만들고 1기 대표로 활동하며 은하수와 역사를 함께했다. 별칭은 '띨빵'이다. 지금은 길잡이 교사를 꿈꾸며 '빵'으로 진화하려 한다. 은하수 학교의 철학과 가치가 미래 교육의 나침반이 되리라 믿으며 모두가 즐겁게 자치하는 학교를 꿈꾼다.